디자인이 필요한 순간, '툭' 튀어나오는 디자인 공식

디자인 구구단
DESIGN BASICS

지은이 에이핫

디자인 구구단 프로젝트를 시작하고 책을 만들기까지
도움을 주신 모든 분들께 감사드립니다.

디자인 구구단(9X9)
9 BASIC ELEMENTS OF DESIGN

초판 발행 · 2024년 8월 5일
초판 3쇄 발행 · 2024년 9월 30일

지은이 · 에이핫(유재우)
발행인 · 이종원
발행처 · (주)도서출판 길벗
출판사 등록일 · 1990년 12월 24일
주소 · 서울시 마포구 월드컵로 10길 56(서교동)
대표 전화 · 02)332–0931 | **팩스** · 02)323–0586
홈페이지 · www.gilbut.co.kr | **이메일** · gilbut@gilbut.co.kr

기획 및 책임편집 · 최근혜(kookoo1223@gilbut.co.kr) | **표지 및 본문 디자인** · 에이핫(유재우)
제작 · 이준호, 손일순, 이진혁 **영업마케팅** · 전선하, 차명환, 박민영
유통혁신 · 한준희 **영업관리** · 김명자 **독자지원** · 윤정아

전산편집 · 이도경 | **CTP 출력 및 인쇄** · 상지사피앤비 | **제본** · 상지사피앤비

ISBN 979-11-407-1406-3 03000 (길벗 도서번호 007191)

가격 20,000원

독자의 1초를 아껴주는 정성 길벗출판사

(주)도서출판 길벗 | IT교육서, IT단행본, 경제경영, 교양, 성인어학, 자녀교육, 취미실용 www.gilbut.co.kr
길벗스쿨 | 국어학습, 수학학습, 어린이교양, 주니어 어학학습, 학습단행 www.gilbutschool.co.kr

페이스북 | www.facebook.com/gilbutzigy
네이버 포스트 | post.naver.com/gilbutzigy

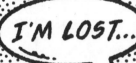

디자인이 필요한 순간, '툭' 튀어나오는 디자인 공식

디자인 구구단

지은이 에이핫

디자인 입문자를 위한
디자인 감각 트레이닝

CHAOS!

I'M LOST...

THEORY
RATIO
SPACE
BALANCE
COLOR
TEXTURE
SHAPE&FORM
MOVEMENT
RHYTHM
TYPEFACE

9
BASICS

$99

Spicy ahot

PROLOGUE

프롤로그

안녕하세요. 여러분,
저는 에이핫입니다!

제가 안 보인다구요?
잠시만요...

주섬주섬

눈에 보이기 위한 최소 단위
는 **점**입니다.

점이 이어지면 **선**이 되고

선이 이어지면 **면**이 됩니다.

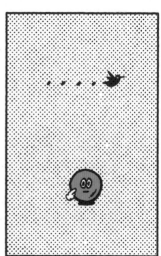

제품 디자인　　그래픽 디자인　　건축 디자인

디자인은 나의 메시지를 상대방에게 전달하는 다리 역할을 합니다.

디자인에서 튼튼한 다리를 짓기 위한 방법을 조형 원리라고 합니다.

저는 그중에서 가장 중요한 것들을 모아 디자인 구구단을 만들었고,

그것을 여러분에게 전달하기 위해 제가 만들어졌으니

그러니까 제가 디자인인 거죠!

예?

그거 배워서 뭐 하는데?

난 디자이너 아닌데?

디자인 구구단은 그래픽, 영상, 사진, 제품 등 시각적인 작업 대부분에 적용할 수 있습니다.

저는 디자이너가 되고 싶은 게 아닌데요?

디자인을 배우면 좋은 점을 이야기하자면 2박 3일은 걸립니다. 비전공자 일반인 입장에서 무엇보다 좋은 것은

좁은 시야로만 보던 일상의 모든 것들이

뭔가 구린데 왜 구린지 모르겠네...

개안이 되면서 대상의 메시지와 아름다움을 볼 수 있게 된다는 것입니다.

'아는 만큼 보인다.' 라는 말이 있죠.

아! 이래서 매력적인 거구나!

디자이너가 아니더라도 디자인을 배우면 좋은 점은 생각보다 많습니다.

뭔데?

우선 사진을 잘 찍게 됩니다. 사진에도 디자인과 같은 이론이 적용됩니다.

PPT를 만들 때 디자인을 잘하면 메시지의 전달력이 올라갑니다.

집 안 인테리어를 할 때 가구를 선택하는 센스와 공간 배치를 잘 해서 집을 예쁘게 꾸밀 수 있습니다.

패션 센스도 디자인이죠. 옷을 고를 때나 매치를 하는 능력을 키울 수 있습니다.

음식 사진을 찍거나 플레이팅할 때도 역시 디자인 이론이 적용됩니다.

예술 작품을 볼 때 이론을 알고 보면 더 깊은 감상을 할 수 있습니다.

코딩을 하는 개발자에게도 디자인 감각은 큰 도움이 됩니다.

디자인을 누군가에게 맡기더라도 본인이 어느 정도 아는 것과 모르는 것은 아주 큰 차이가 있습니다.

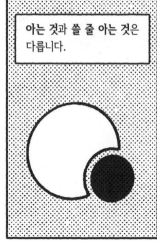

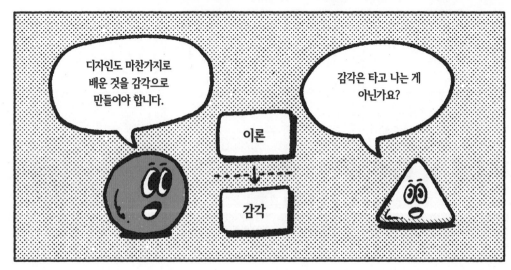

NO!

정말?

감각도 키울 수 있습니다!

물론 선천적인 재능과 자라 온 환경에 따라 시작점의 위치나 배우는 속도는 다를 수 있습니다.

세계적인 디자이너가 되기 위해서는 타고난 재능이 필요할 수 있습니다.

여러분은 세계적인 수학자가 되기 위해 구구단을 외우셨나요?

구구단을 배우는 이유는 일상에서 편리하고 유용하게 사용할 수 있기 때문입니다.

디자인 구구단에서는 노력으로 채울 수 있는 영역을 배웁니다.

9x9

×5

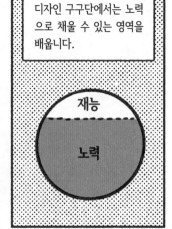

재능

노력

저는 세계적인 디자이너가 될 재능을 가지고 있지 않지만, 기본적인 디자인 감각만을 이용해 디자이너, 포토그래퍼, 브랜드 디렉터, 창업 등 많은 것을 할 수 있었습니다.

만화를 배워본 적이 없지만 이 책을 만화로 그릴 수 있는 것도 디자인의 도움을 받아서죠.

제 인생을 재미있게 보낼 수 있게 도와준 디자인을 이제는 여러분에게 알려드리려 합니다.

그래서 좀 어설픕니다...

DESIGNER

제 목표는 디자인의 힘을 디자이너뿐만 아니라 모든 사람이 쓸 수 있도록 만드는 것입니다.

디자인이 가진 힘은 여러분이 생각하는 것보다 훨씬 강력합니다.

DESIGNE

여러분의 잠재력과 디자인이 만나게 된다면

책이 나오기 전 직접 디자인 구구단 수강생을 모집하여 1년 동안 400명이 넘는 분들과 함께 했고, 많은 분께서 도움이 되었다는 후기를 남겨주셨습니다. 여러분의 응원 덕분에 계속해서 활동을 이어가고 있습니다.

저는 스타트업의 브랜드 매니저입니다. 기업 규모 특성상 디자이너와 커뮤니케이션할 일이 많은데 구구단 덕분에 도움을 많이 받았습니다. 기존에는 단순히 제작물을 보고 '어딘가 이상하다.'라고 생각했는데요. **이제는 이론을 바탕으로 왜 어색한지, 어디를 피드백해야 하는지 잘 알게 되었습니다. 강의를 통해 지식을 공유해 주어 감사합니다.**

〈8기 수강생 최**님〉

예전에는 느낌으로만 인지하였다면, 이제 이론을 적용한 사진을 찍고 사물을 찍은 이유를 함께 적으니 **의도와 표현하는 방법이 이전보다 더 발전된 것 같습니다.** 단순히 느낌에 의지하는 것이 아닌, 여러 디자인적인 부분을 논리적으로 정리할 수 있어 좋았습니다. 특히 실생활에서 이론을 찾고 체득하는 경험이 좋았습니다.

〈2기 수강생 배**님〉

디자인이라는 분야는 비전공자가 보기에는 너무 높은 산 같았는데, 디자인 구구단을 듣고 일상에서 어렵지 않게 디자인을 접하고 깨우칠 수 있었던 것 같아요. 여러 이론을 한꺼번에 주입하는 게 아니라 파트별로 세세하게 나눠서 들으니 과제에도 더 충실하게 되고 무리 없이 잘 습득한 것 같습니다. **디자인을 배우고 싶은데 어디서부터 시작해야 할지 막막한 분들, 디자인은 나와는 다른 차원의 분야 같아서 배우기조차 망설였던 사람들에게 꼭 추천하고 싶습니다.**

〈1기 수강생 김**님〉

비전공자이고 디자인에 대한 이론을 배워보고는 싶었는데 어디서부터 어떻게 배워야 할지도 막막했고 단순히 읽거나 보는 것만으로는 배우는 데 한계가 있을 거라 생각했어요. 디자인 구구단은 **디자인 지식이 없더라도 이해할 수 있었고 학습지 형식의 강의라 장소에 구애받지 않고 이론을 배울 수 있어서 좋았어요.** 실습도 사진을 이용하는거라 주제에 맞게 찍는 재미가 있었습니다. 지금까지는 디자인 결과물을 보면 느낌적으로 좋다, 싫다, 괜찮다, 이상하다 등의 1차원적인 생각만 했다면 이제는 배웠던 이론을 통해 '이런 부분으로 인해 이런 느낌이 나게 되는구나.'를 생각하게 되었습니다.

〈5기 수강생 김**님〉

그동안 많은 디자인 강의를 들었던 것 같은데 항상 기술적인 요소들만 알려주다 보니 뭔가 감각을 높여주지는 못했던 것 같습니다. 강의를 들으면서 정말 디자인의 기본들을 배울 수 있어서 좋았습니다. 물론 디자인 전공자들에게는 따분한 내용일 수 있으나 비전공자들에게는 매우 유익한 시간인 것 같습니다. **글로만 보고 만들어진 과제들을 하는 게 아니라 원리를 배우고 내가 스스로 일상에서 그 원리를 적용하는 과정이 너무 좋았습니다.**

〈2기 수강생 한**님〉

예전부터 기본 도형만 가지고도 남다른 결과물을 만들어 내는 사람들에 대한 막연한 동경심을 가지고 있었는데, 강의를 듣고 나니 어쩌면 나도 해볼 수 있겠다는 용기가 생겼어요. 지금까지는 어떻게 시작해야 할지 엄두가 나지 않았지만, 1단부터 9단까지 단계마다 한 가지 주제를 배우고, 직접 만들어보는 과정을 거치다 보니 '아 이렇게 기본기를 다져 나가면 되는 거구나.'라는 것을 깨닫게 됐어요. 이 강의가 **기본기가 필요할 때마다 꺼내볼 수 있는 나침반**이 될 것 같아요.

〈2기 수강생 강**님〉

저는 가끔 디자인 외주라도 맡겨야 하는 작은 회사의 대표입니다. 문제는 제가 디자인 까막눈이라는 점이죠. 메인 상품 패키지 디자인을 맡길 때도, 새로 브랜딩을 준비할 때도 디자인만 생각하면 불안해서 견딜 수가 없었습니다. 판단 근거라고는 도저히 신뢰할 수 없는 제 감각과 주변인(비전공자)의 의견들 뿐이었기 때문입니다. 심지어 직원을 고용해도 큰 차이는 없을 거라 생각합니다. 제가 스스로 작업 결과를 평가할 근거가 없는데 무슨 수로 브랜드의 디자인을 리드하겠습니까. 전반적인 기획은 직접 해야 하니 결국 디자인도 제가 리드해야 하는데 참 갑갑한 상황인거죠. 학습을 다 마친 지금, 가장 만족스러운 부분은 바로 **평가의 근거가 생겼다는 점입니다. 지금은 누가 어떤 디자인을 가져와도 "주제/의도가 잘 강조되었는가?"라는 질문에 대답할 줄 압니다.** 이 사실이 정말 든든하네요. 더해서, 에이핫님이 삶을 대하는 너무나 멋진 마인드도 배웠습니다. 아무 의식을 하지 않아도 눈에 보이는 모든 것에서 이 원칙, 저 원칙 찾고 따져보는 저를 발견합니다. 일상이 벌써 이렇게 재밌어졌는데, 어디 대단한 자연경관이나 잘 꾸민 테마파크 구경하러 여행이라도 가면 얼마나 즐거울지! 여러모로 감사한 마음입니다.

<8기 수강생 임**님>

디자인에 대한 기초적인 지식과 **이론을 주변에서 찾아보고 학습한다는 점이 가장 좋았고, 관찰하고 분석하는 시간을 가지며 확실하게 습득되는 느낌이었습니다.** 강의를 통해 **일상생활에서 무심코 지나치는 것들을 한 번 더 보게 되고 주변에서도 많은 영감을 얻을 수 있음을 깨달았습니다.** 디자인 구구단에서 배운 내용을 토대로 디자인에 대한 탄탄한 기반을 쌓을 수 있었고 앞으로도 배운 내용들을 항상 마음에 새기며 활용하려고 합니다.

<6기 수강생 배**님>

'나는 이런 사람이야, 그리고 나는 이게 좋아.' 단순히 취향을 이야기 할 수 있는 것을 넘어서서 이제는 '왜' 그런지 설명이 가능해졌습니다. 디자인을 보고 분석하고 어떤 요소들이 어떤 역할을 하는지, 그리고 **내가 표현하고자 하는 부분들을 어떻게 하면 창작물에 녹여내서 전달하고자 하는 메시지를 넣을 수 있는지** 조금은 배우게 되었습니다. 아직 갈 길이 멀지만, 디자인을 통해 메시지를 전달하는 방법을 배운 느낌입니다.

<수강생 김**님 6기>

전공자들은 당연히 알고 있는 비율, 원근감, 명암 등의 기본적인 원리를 비전공자가 학습하려면 사례가 이해되지 않거나 용어가 이해되지 않거나 너무 깊고 방대한 경우가 많았는데, 구구단은 부담스럽지 않은 적당한 분량을 통해 필수 디자인 이론을 학습하고 적용해 볼 수 있어 좋았습니다. **디자인 기초가 필요하신 분, 디자인 분야가 아니더라도 사진을 찍는 것에 관심이 있거나 드로잉하고 싶은 분들께도 도움이 될 강의라고 생각합니다.**

<수강생 최**님 2기>

기획자로 6년간 일하면서 회사 안팎으로 '디자인'이라는 언어로 소통해야 할 일이 많았지만, 그 과정이 항상 쉽지는 않았습니다. 키비주얼을 정할 때, 포스터를 수정할 때, SNS 카드뉴스를 만들고 텍스트를 정렬할 때 '내 눈에는 이게 더 예쁜데 뭐라고 설명해야 하지?', '받은 디자인물이 내가 생각했던 컨셉과 묘하게 다른데, 어떤 요소를 바꿔야 하는 거지?' 하는 고민이 늘 따랐습니다. 디자인 구구단을 수강하면서 **디자이너와 동료들에게 좀 더 설득력 있게 주장하고, 서로 오해하지 않도록 명확한 언어를 사용할 수 있게 된 것 같습니다.** 좋은 교육과정을 만들어 주셔서 감사합니다.

<5기 수강생 이**님>

디자인 구구단 학습 방법

우선 배우려는 것이 무엇인지 알아야 내 것으로 만들 수 있습니다. 차가 꽉 막힌 도로 풍경을 볼 때, 차에 관심이 없는 사람은 '차가 막힌다.'는 생각이 먼저 떠오를 것입니다. 벤츠나 페라리와 같은 갖고 싶은 차가 있는 사람이라면 차의 앞 그릴 부분만 보고도 그 차를 찾아낼 수 있습니다. 또, 갖고 싶은 핸드백이 머릿속에 있다면 수많은 사람이 있는 거리에서 그 백을 들고 있는 사람을 쉽게 찾을 수 있습니다. 이는 우리 **뇌의 망상활성계(Reticular Activating System, RAS) 기능 작동 때문입니다. 망상활성계는 외부 환경에서 내 생각과 감정에 부응하는 것을 찾습니다.** 즉, 내가 관심 있는 것만 눈에 보이는 것입니다. 이 원리를 이용하면 일상생활에서도 디자인 감각을 인지할 수 있습니다. 밝기를 계속 생각하고 사물을 보면 내가 보는 사물이 밝은지, 배경이 밝은지 인식할 수 있습니다. 채도를 생각하며 사물을 바라보면 사물들의 채도 차이가 얼마나 나는지 구분할 수 있습니다.

하지만 일상에서 디자인 이론이 인지되었다고 바로 사용할 수 있는 것은 아닙니다. 의식의 영역에 들어왔을 뿐 이제 이 감각을 무의식의 영역에 집어넣어야 합니다. 이론을 공부하고 그래픽 프로그램을 배운 뒤 포스터 디자인 연습을 매일 반복하면 감각이 됩니다. 그런데 과연 처음 디자인을 배우는 사람 중에 이 과정을 매일 실행할 수 있는 의지와 시간이 있는 사람이 얼마나 될까요? **연습을 습관으로 만들려면 일단 쉬워야 합니다. 포스터 디자인을 매일 쉽게 할 방법은 사진을 찍는 것입니다.** 저는 자전거를 좋아해 자전거를 타고 여행을 다니며 사진을 찍기 시작했습니다. 세계 여행을 다니며 많은 사진을 찍었죠. 당시 매일 사진 100장을 찍고 함께 일하던 사진작가 팀장님과 일주일에 한 번 10장을 골라 리뷰하는 시간을 가졌습니다. 서로의 사진을 함께 보고 장단점을 찾아 보완해 나가는 과정을 2년 동안 매일 진행했습니다. 이 과정을 통해 디자인 감각이 키워졌습니다.

디자인 구구단의 학습 방법 자체는 어렵지 않습니다. 디자인 구구단은 9개의 이론으로 나누어져 있습니다. 먼저 한 단을 읽고 이론을 이해합니다. 한 주 동안 일상에서 해당 이론이 어디에 어떻게 적용되었는지 관찰하고 사진을 찍습니다. 여러 이론을 동시에 찾으려 하지 말고 한 주에 한 이론에만 집중합니다. 핵심은 '매일 꾸준히 하는 것'입니다. 사진으로 이론을 완전히 이해했다면 단순한 도형으로 이론을 표현해 봅니다. 9주 동안, 이 과정을 잘 따라온다면 여러분은 디자인에 대한 기초 지식을 이해하는 것에서 무의식적으로 쓸 수 있게 될 것입니다.

디자인 구구단 내용 구성

1_디자인 이론 학습

디자인 이론에 대한 개념을 일러스트, 사진, 디자인 예시를 통해 어떻게 적용되는지 쉽게 이해할 수 있습니다.

2_퀴즈 풀기

퀴즈를 통해 학습한 내용을 효과적으로 복습하면서 잘 이해했는지 확인합니다.

3_도형으로 표현하기

처음에는 디자인 툴을 쓰는 것보다 학습지에 직접 그려보는 게 더 도움이 됩니다. 원, 삼각형, 사각형의 단순한 도형으로 디자인 이론을 그려보면서 표현 감각을 익힙니다.

4_사진으로 감각 키우기

사진은 디자인 툴을 다루지 못해도 디자인 이론을 연습해 볼 수 있는 가장 쉬운 방법입니다. 스마트폰을 이용해 일상에서 디자인 이론을 찾아 화면 구성을 해봅니다.

RATIO

1단: 비율

비율의 종류, 비율을 이용해 주제를 강조하는 방법, 공간의 스케일을 표현하는 방법을 학습합니다.

SPACE

2단: 공간

주제와 여백에 대한 개념, 입체 공간을 만드는 방법, 여백을 조절하는 방법을 학습합니다.

BALANCE

3단: 균형

화면 구성의 기본 원리, 시각적 균형의 개념, 대칭과 비대칭을 이용한 화면 구성 방법을 학습합니다.

COLOR

4단: 색의 속성

색에 대한 기본 이론과 명도, 채도, 보색 대비를 이용해 주제를 강조하는 방법을 학습합니다.

TEXTURE

5단: 질감

질감을 관찰하고 질감의 특성과 질감 대비를 이용해 주제를 강조하는 방법을 학습합니다.

SHAPE&FORM

6단: 형과 형태

기하학적 형태와 유기적 형태의 특징을 파악하고 형태 대비를 이용한 표현 방법을 학습합니다.

MOVEMENT

7단: 움직임

정지된 이미지에서도 움직임을 느끼게 만드는 동세의 원리에 대해 알아보고 시선을 끄는 방법을 학습합니다.

RHYTHM

8단: 율동

율동감을 만들어 산만한 디자인을 정리하고 시선을 유도하는 방법을 학습합니다.

TYPEFACE

9단: 서체

서체에 대한 기본 개념과 서체의 종류에 따른 느낌 차이를 학습합니다.

목차

RATIO

디자인 구구단 1단 : 비율

비율(Ratio)은 서로 다른 두 수의 크기를 비교하는 것입니다.

4:3

◉◉
◉◉ : △ △△

비례(Proportion)는 두 크기가 일정 비율로 증가하거나 감소하는 관계를 이야기합니다.

◉ : △△   1:2

◉◉ : △△△△   2:4

◉◉◉ : △△△△△△   3:6

규모(Scale)는 사물이나 현상의 크기 또는 범위를 말합니다.

3km

1단에서는 비율의 종류를 알아보고 비율을 이용해 주제를 강조하는 방법에 대해 학습합니다.

쪼그만게...

작은 고추가 맵다!

화면 비율

화면 비율은 디자인하는 전체 공간의 비율을 이야기합니다. 화면 비율은 가로와 세로의 비율로 이루어져 있으며, 가로 크기를 세로 크기로 나눈 값으로 표현됩니다.

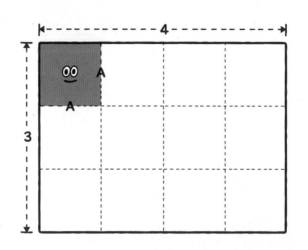

여러분이 보고 있는 이 책에도 비율이 적용되어 있고,

이 칸에도 비율이 적용되어 있죠.

사진, 영상, 그래픽 디자인 등 모니터로 볼 수 있는 모든 작업은 화면 비율이 있습니다.

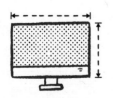

프린터 용지, 도화지, 캔버스 등 그림을 그릴 수 있는 종이도 모두 비율이 있고,

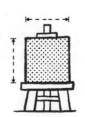

공간을 이용해 벽화를 그린다면 벽화를 그리는 영역에 비율이 적용됩니다.

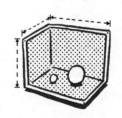

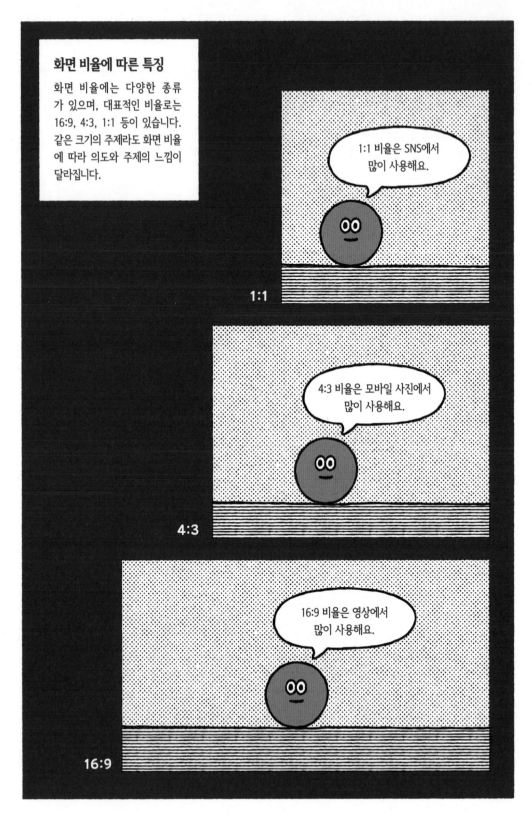

영화에서 주로 사용하는 21:9(2.39:1) 비율을 이용하면 시네마틱한 분위기를 연출할 수 있습니다.

오른쪽 그림처럼 4:3 화면 비율이지만, 구조물이나 디자인 요소를 이용해 가로로 긴 느낌을 표현할 수 있습니다.

화면 비율에 정답은 없습니다. 디자인이 사용되는 환경과 주제를 고려해 적절한 비율을 찾아야 합니다.

가로 사진은 가로 너비가 넓
어질수록 모바일에서 위아래
여백이 많이 생깁니다. 그래
서 가로가 긴 사진의 경우 세
로 화면 비율에서 주제가 더
작아 보이기 때문에 주제 비
율을 키우는 것이 좋습니다.

주제와 부주제의 비율

디자인 요소가 1개 이상이라면 주제와 부제의 우선순위를 정하고 주제에 시선이 가도록 비율을 조절해야 합니다.

조연이 주인공보다 더 큰 비중을 차지하면 안 되겠죠?

주인공

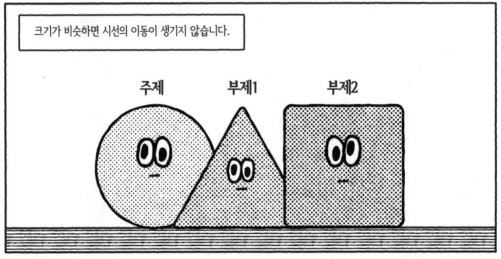

크기가 비슷하면 시선의 이동이 생기지 않습니다.

주제　　　　부제1　　　　부제2

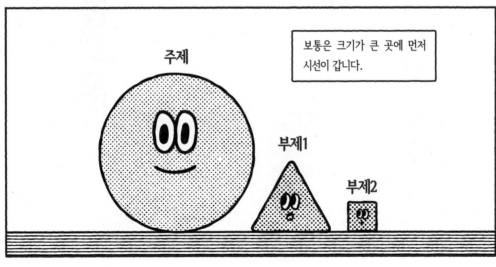

주제

보통은 크기가 큰 곳에 먼저 시선이 갑니다.

부제1

부제2

사진도 마찬가지로 주제와 부제의 비율이 비슷하면 안 됩니다.

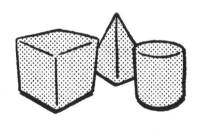

카메라의 위치와 각도로 주제와 부제의 비율을 조절합니다.

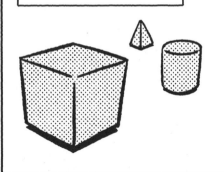

포스터 디자인에서는 주제 이미지, 제목, 세부 내용의 크기가 우선순위에 따라 다르게 설정되어 있습니다.

사진에서는 앞에 있는 사람이 더 커 보이고 먼저 시선이 갑니다. 그러나 적당히 뒤로 가면 얼굴이 작아 보이죠.

웹 디자인도 큰 덩어리로 보면 우선순위에 따라 디자인 요소의 크기가 설정되어 있는 것을 볼 수 있습니다.

포스터

사진

웹 사이트

스케일은 공간의 크기를 표현할 수 있습니다.
이 공간의 크기는 가늠이 안 되지만,

인식이 되는 작은 요소를 넣어 공간이
크다는 것을 보여줄 수 있습니다.

반대로 비교 대상을 키우면 공간을
작아 보이게 만들 수도 있습니다.

우리의 머릿속에는 대략 크기가 가늠되는 것들에 대한 관념으로 일종의 무의식 줄자가 들어있습니다.
그 관념을 이용하면 대상의 스케일을 자유롭게 조절할 수 있습니다.

우리는 차가 없어도 도로의 너비는 대략 어느 정도 될지,

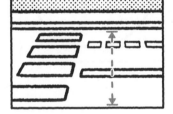

가로등의 높이가 대략 어느 정도 될지,

계단 한 칸의 높이가 대략 어느 정도 될지 알고 있죠.

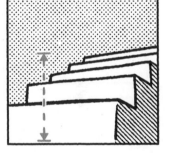

비율은 모든 이론에서 적용되는 중요한 이론이니 앞으로 배울 이론에서도 비율을 신경 써주세요!

이번 단에서 배운 디자인 이론 문제를 풀어봅시다.

1 기차의 길이감을 표현하기 위해서는 어떤 비율이 좋을까요?

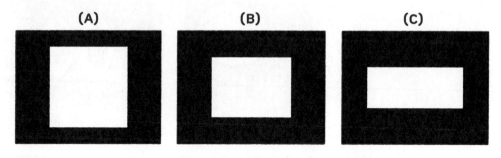

(A)　　　　　　　　(B)　　　　　　　　(C)

2 모바일에서 주인공을 가장 잘 보여줄 수 있는 비율은 무엇일까요?

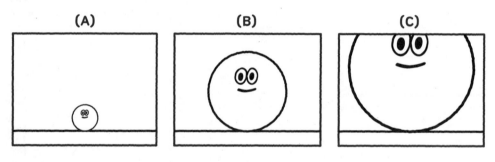

(A)　　　　　　　　(B)　　　　　　　　(C)

3 이 프레임의 비율은 몇 대 몇일까요?

(A) 1:1

(B) 4:3

(C) 16:9

(D) 21:9

4 주인공을 가장 잘 보여줄 수 있는 비율은 무엇일까요? (주인공은 원 캐릭터)

(A)

(B)

(C)

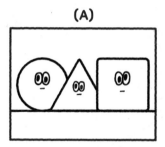
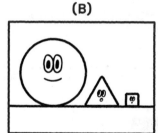
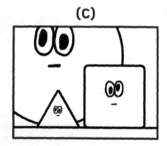

5 보기에서 가장 넓어 보이는 공간을 고르세요.

(A)

(B)

(C)

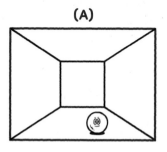
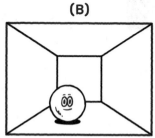
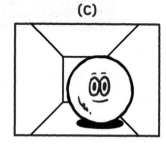

6 보기에서 자연스러운 비율의 디자인을 고르세요.

(A)

(B)

(C)

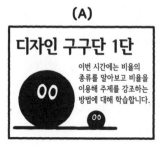

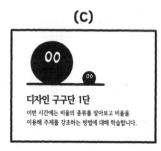

7 보기에서 자연스러운 비율의 디자인을 고르세요.

(A)

(B)

(C)

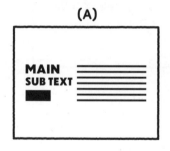

1 정답: (C)

기차는 가로로 길기 때문에 같은 크기로 넣었을 때 세로 비율이 늘어날수록 기차가 작아집니다.

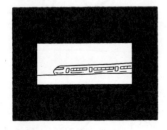

2 정답: (B)

모바일로 이미지를 옮겨 직접 확인해 보면 적절한 비율을 찾기 쉽습니다.

3 정답: (C)

가로와 세로의 비율은 16:9입니다.

4 정답: (B)

(A)는 주변 도형과 크기가 비슷해 원이 주인공이라고 느껴지지 않습니다. (C)는 주인공의 크기가 너무 커 사각형 캐릭터가 주인공으로 보입니다.

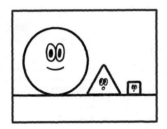

5 정답: (A)

배경은 같지만, 캐릭터의 크기에 의해 (A)가 가장 넓은 공간처럼 보입니다.

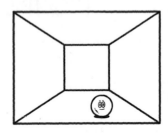

6 정답: (C)

제목, 내용, 그림의 우선순위가 있어야 시선의 흐름이 자연스러워집니다. (A), (B)는 세 요소 모두 비슷한 크기를 가지고 있습니다.

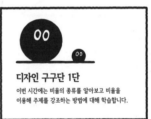

7 정답: (B)

적절한 비율을 찾기 위해서는 먼저 요소들의 우선순위가 어떻게 되는지 알아야 합니다.

크기 감각 키우기

디자인에서 '크기 대비'는 시각적인 인식을 조절하는 강력한 도구입니다. 인간의 뇌는 크기를 절대적인 수치가 아닌, 주변 개체들과의 상대적인 관계로 인식합니다. 이 원리를 이용해 작은 개체 옆에 큰 개체를 배치하면 작은 개체는 더욱 작게, 반대로 큰 개체는 더욱 크게 보이는 착시 효과를 일으킬 수 있습니다. 이를 통해 디자이너들은 특정 요소를 강조하거나, 디자인 내에서의 시각적 균형을 조절할 수 있습니다. 예를 들어, 큰 제목 옆의 작은 부제목은 제목을 더욱 돋보이게 하며, 반대로 작은 요소들 사이에서 큰 요소를 배치하면 그 큰 요소가 중요한 집중 포인트가 됩니다. 크기 대비는 단순히 크기의 차이를 넘어서 감정적인 느낌이나 메시지의 전달에도 영향을 미칩니다.

처음부터 복잡한 디자인을 하는 것보다는 단순한 도형으로 다양한 크기의 요소들을 조합하고 실험해서 크기 대비에 대한 감각을 키워보세요.

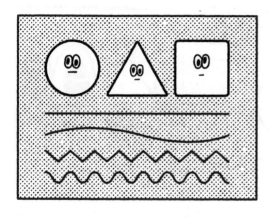

진행 방법

학습지 프레임 안에 원, 삼각형, 사각형을 이용해 크기 대비를 표현합니다. 직선과 곡선을 사용할 수 있습니다. 창의력을 발휘해 다양한 조합의 구도를 그려보세요!

디자인 요소가 많아질수록 어렵습니다. 처음에는 단순하게 그리는 연습을 해보세요!

아이디어가 떠오르지 않는다면 예시를 따라해 보세요!

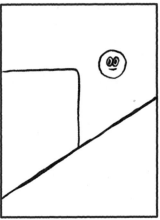

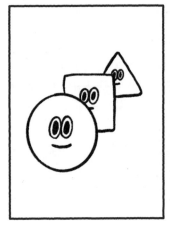

직접 해보기

연필이나 색연필로 직접 이론을 그려보세요.
다른 사람에게 보여주고 이해시킬 수 있으면 성공입니다!

1 같은 대상을 다른 주제 비율로 찍은 사진

그림을 그릴 때 가장 많이 하는 질문은 "주제를 얼마나 크게 그려야 할까요?"
입니다. 사실 정답은 없습니다. 상황과 의도에 따라 설정해야 하므로 다양한 크
기로 찍어보면서 연습해야 합니다. 작게 찍어보기도 하고, 크게 찍어보기도 해야
어느 정도 크기가 적당한지 감을 잡을 수 있습니다. 배경과 주제의 비율을 대략
10%, 25%, 40% 비율로 찍어보면서 주제에 따라 적절한 비율을 찾아보세요.

2 공간의 스케일을 보여줄 수 있는 사진

스케일감은 인간의 인지능력을 이용한 기술입니다. 사람이 공간의 크기를 가늠하기 위해서는 비교 대상이 필요합니다. 이를 반대로 이용하면 재미있는 사진을 찍을 수 있습니다. 같은 공간에서 배경만 있는 사진과 비교 대상이 있는 사진을 찍어보고 두 사진의 차이를 느껴보세요. 비교 대상 없이 찍기 어렵다면, 사진을 먼저 찍고 포토샵이나 어플로 비교 대상을 지워보세요.

SPACE

디자인 구구단 2단 : 공간

공간 감각을 이용하면 거리나 깊이감을 표현할 수 있습니다. 공간 구성을 통해 시선의 방향을 조절할 수 있으며, 이를 활용해 주제를 강조할 수 있습니다.

2단에서는 공간에 대한 개념과 공간 비율, 입체적인 공간을 만들어 내는 방법에 대해 학습합니다.

점은 차원이 없으며 점과 점이 이어져 길이를 가지면 1차원 선이 됩니다.

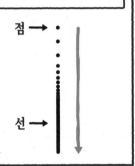

선이 폭을 가지면 2차원 면이 됩니다.

면이 깊이를 가지면 3차원 입체가 됩니다.

공간 구분 방법

디자인에서는 공간을 크게 주제의 영역과 배경의 영역으로 나눌 수 있습니다.

배경

주제

주제처럼 보이는 요소가 없다면 풍경이나 패턴으로 보이는 화면 전체가 주제입니다.

주제로 인식되는 요소가 생기면 주제와 배경이 구분됩니다.

반면, 요소가 있더라도 비중이 너무 작으면 배경이 주제로 느껴집니다.

배경과 주제를 구분하고 적절한 비율을 찾는 것이 중요합니다.

공간 표현 방법

디자인에는 2차원에 3차원 공간을 표현하는 다양한 방법이 있습니다. 공간감을 나타내면 깊이감이 살아나고 현실감이 더해져 보는 사람의 눈길을 사로잡을 수 있습니다.

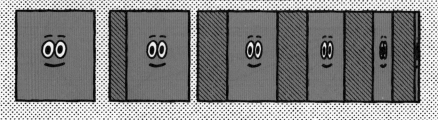

레이어

레이어란 디자인 작업에서 여러 개의 요소를 겹쳐 배치하는 것을 말합니다. 요소들이 겹치면 앞뒤 관계로 인해 공간감을 느낄 수 있습니다.

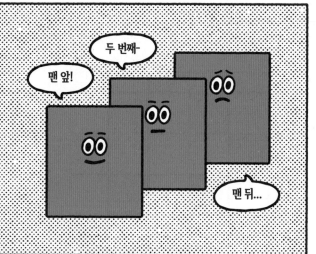

사진에서는 문이나 창문 같은 프레임을 레이어로 이용할 수 있습니다. 프레임을 만들면 공간이 분리되어 깊이감이 느껴집니다.

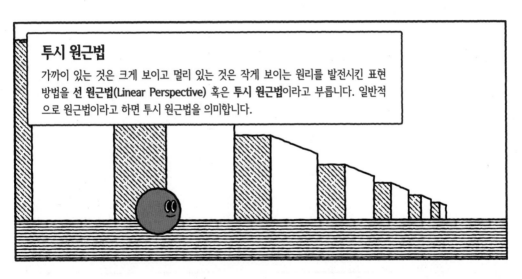

투시 원근법

가까이 있는 것은 크게 보이고 멀리 있는 것은 작게 보이는 원리를 발전시킨 표현 방법을 **선 원근법(Linear Perspective)** 혹은 **투시 원근법**이라고 부릅니다. 일반적으로 원근법이라고 하면 투시 원근법을 의미합니다.

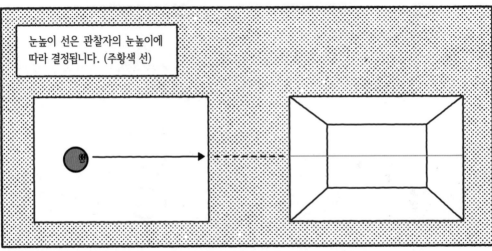

눈높이 선은 관찰자의 눈높이에 따라 결정됩니다. (주황색 선)

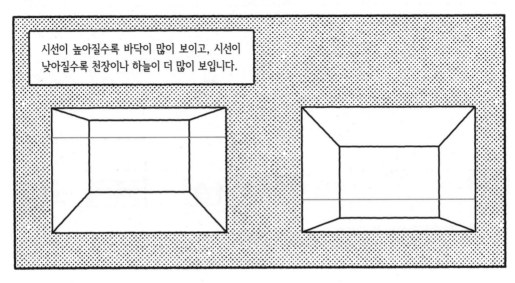

시선이 높아질수록 바닥이 많이 보이고, 시선이 낮아질수록 천장이나 하늘이 더 많이 보입니다.

1점 투시

1점 투시는 주로 정면에서 볼 때 적용되며, 건물의 정면이나 길게 뻗은 도로에서 볼 수 있습니다.

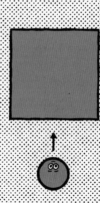

2점 투시

2점 투시는 주로 모서리에서 볼 때 적용되며, 건물의 모서리에서 보면 양쪽 면의 평행한 선이 각각의 소실점으로 모이게 됩니다.

3점 투시

3점 투시는 주로 아래에서 위로, 위에서 아래로 볼 때 적용되며, 수직으로 평행한 선들은 위나 아래의 소실점으로 모이게 됩니다.

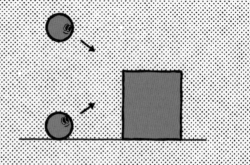

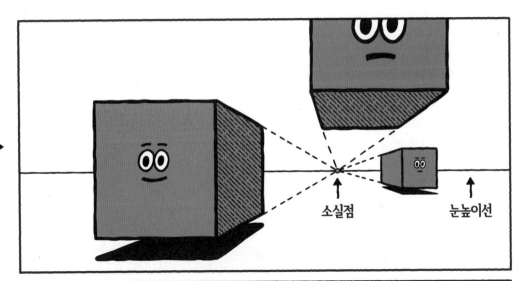

소실점
눈높이선

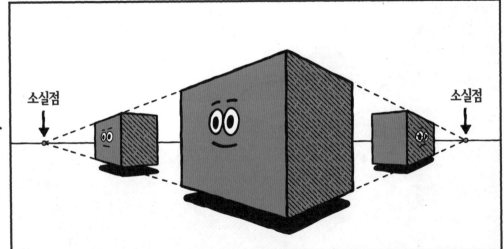

소실점
소실점

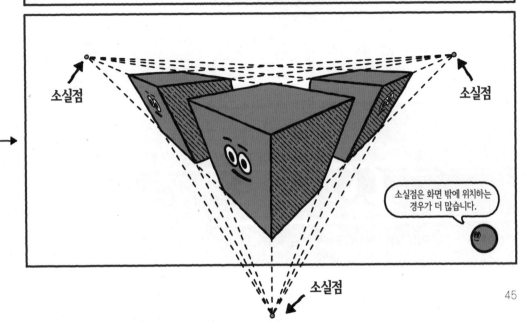

소실점
소실점

소실점은 화면 밖에 위치하는
경우가 더 많습니다.

소실점

공기 원근법

공기 원근법(Aerial Perspective) 또는 대기 원근법은 대기 중의 먼지나 수증기 등이 빛을 산란시켜 멀리 있는 대상이 가까이 있는 대상보다 흐리고 옅어 보이게 만드는 현상을 이용합니다.

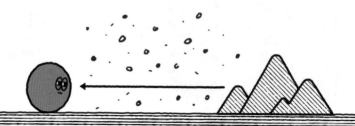

그래픽 디자인에서는 명도, 채도, 선의 두께, 투명도, 텍스처의 강약을 통해 공기 원근법을 표현합니다.

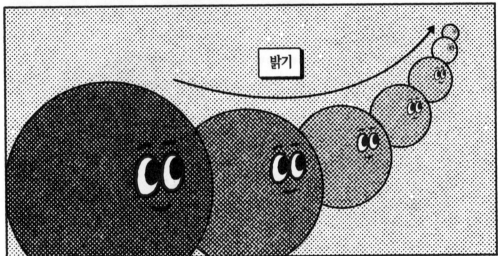

그림자

그림자는 물체가 빛을 차단해 생기는 부재 현상으로, 물체의 형태, 깊이, 위치를 파악하는 데 필수적인 역할을 합니다.

그림자는 크게 **물체 그림자(Core Shadow)**와 **던져진 그림자(Cast Shadow)**로 나뉩니다. 물체 그림자는 물체의 일부분이 직접 빛을 받지 않아 생기는 그림자이고, 던져진 그림자는 물체가 빛을 가리며 표면에 생기는 그림자를 말합니다.

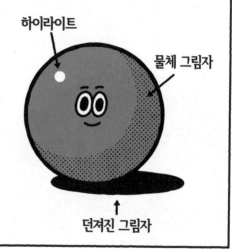

하이라이트

물체 그림자

던져진 그림자

디자인에서는 그림자와 물체의 거리를 통해 빛의 방향과 공간감을 표현할 수 있습니다.

여백의 활용

여백이 너무 많으면 디자인이 지루해지고 흥미가 떨어질 수 있습니다. 반대로 여백이 너무 없으면 답답해질 수 있습니다. 주제에 따라 적절한 여백을 설정하는 것이 중요합니다.

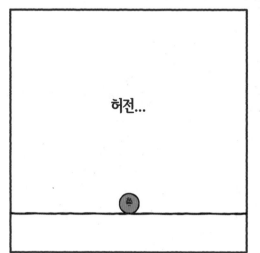

허전...

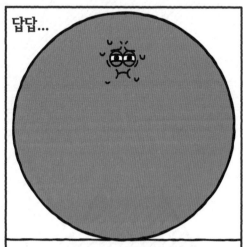

답답...

같은 대상을 표현하더라도 여백의 비율에 따라 '주제'로 인식되는 대상이 달라집니다. 디자인을 시작할 때 가장 먼저 해야 할 것은 **무엇을 주제로 보여줄 것인지 정하는 것입니다.**

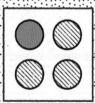

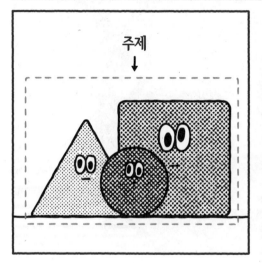

주제

주제

이번 단에서 배운 디자인 이론 문제를 풀어봅시다.

1 레이어를 이용해 공간감을 가장 깊게 표현한 이미지를 고르세요.

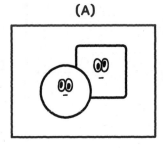
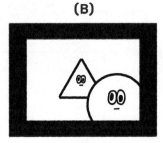
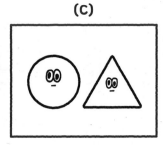

2 공간 원근법을 통해 공간감을 가장 깊게 표현한 이미지를 고르세요.

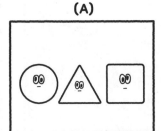
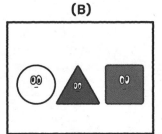
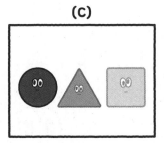

3 다음 이미지에서 가장 뒤에 있는 도형을 고르세요.

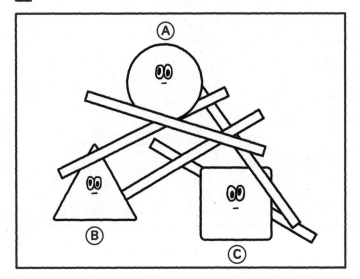

(A)

(B)

(C)

4 소실점이 가장 많은 이미지를 고르세요.

(A)	(B)	(C)
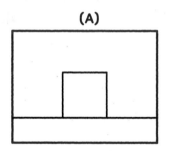	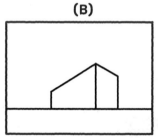	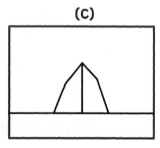

5 공간감이 가장 깊은 이미지를 고르세요.

(A)	(B)	(C)
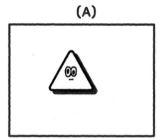	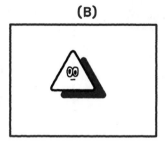	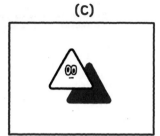

6 다음 중 입체감이 없는 로고를 고르세요.

(A)	(B)	(C)
	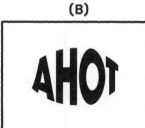	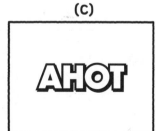

7 보기에서 자연스러운 비율의 디자인을 고르세요.

(A)	(B)	(C)
	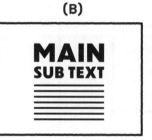	

1 정답: (B)

개체가 겹치면 공간감이 만들어집니다. 프레임, 원, 삼각형 세 개체가 겹쳐 (B)의 공간이 가장 깊게 느껴집니다.

2 정답: (C)

공간 원근법은 멀어질수록 흐려지기 때문에 (C)의 공간이 가장 깊게 느껴집니다.

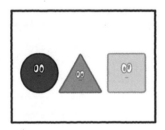

3 정답: (C)

겹쳤을 때 가려진 개체를 따라가다 보면 가장 뒤에 있는 개체를 알 수 있습니다.

4 정답: (C)

(A)는 가려진 소실점이 1개, (B)는 양쪽으로 소실점이 2개, (C)는 양쪽과 위로 소실점이 3개입니다.

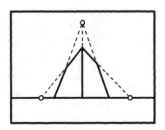

5 정답: (C)

그림자가 멀리 떨어져 있을수록 공간이 깊게 느껴집니다.

6 정답: (A)

(B)는 투시, (C)는 그림자로 입체감이 느껴집니다.

7 정답: (B)

(A)는 여백이 너무 많고, (C)는 여백이 너무 없어 답답한 느낌이 듭니다.

공간 감각 키우기

공간 대비는 디자인에서 중요한 개념으로, 개체들 사이의 빈 공간을 조절하여 시각적인 메시지를 강화하고 균형을 맞출 수 있습니다. 공간은 단순히 물체들이 차지하지 않는 부분이 아니라, 디자인 전체의 구성과 흐름에 중요한 영향을 미칩니다. 물체와 물체 사이, 또는 물체와 디자인 테두리 사이의 여백을 조절하여 관람자의 시선을 자연스럽게 중요한 요소로 이끌 수 있습니다. 레이어링, 원근법, 그림자 사용은 공간 감각을 향상시키는 핵심적인 기법들입니다. 레이어링을 통해 요소들 사이의 깊이를 만들고, 원근법을 활용해 3차원 공간을 형성할 수 있습니다. 그림자를 추가하면 물체의 위치와 깊이를 더욱 실감 나게 표현할 수 있습니다. 기법들을 활용하여 다양한 공간 구성을 실험하고, 여러분만의 독특한 시각적 언어를 개발해 보세요. 이 과정을 통해 공간에 대한 이해도를 높이고, 더욱 균형 잡히고 효과적인 디자인을 만들어 낼 수 있습니다.

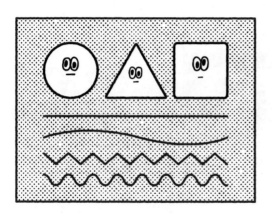

진행 방법

학습지 프레임 안에 원, 삼각형, 사각형을 이용해 공간감을 표현합니다. 직선과 곡선을 사용할 수 있습니다. 창의력을 발휘해 다양한 조합의 구도를 그려보세요!

 디자인 요소가 많아질수록 어렵습니다. 처음에는 단순하게 그리는 연습을 해보세요!

아이디어가 떠오르지 않는다면 예시를 따라해 보세요!

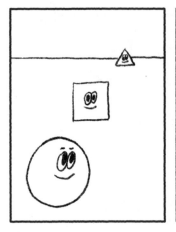

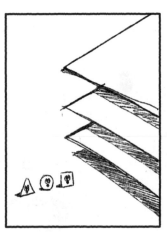
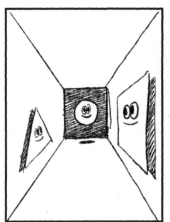

직접 해보기

연필이나 색연필로 직접 이론을 그려보세요.
다른 사람에게 보여주고 이해시킬 수 있으면 성공입니다!

1 프레임을 이용해 공간감이 느껴지는 사진

프레임은 공간감을 만드는 가장 쉬운 방법입니다. 다리, 창문, 틈새, 문 등 다양한 요소를 활용할 수 있고 직접 만들 수도 있습니다. 주변에 요소가 많아 산만할 때 주제로 시선을 확 집중시키는 효과를 볼 수 있습니다. 단, 프레임 영역은 단순하고 시선이 가지 않도록 해야 합니다. 프레임과 프레임 안쪽의 밝기 차이를 주면 효과를 극대화할 수 있습니다. 프레임 안쪽 영역의 크기도 조절해보면서 어느 정도가 적절한지 느껴보세요.

2 원근법을 이용해 깊이감이 느껴지는 사진

이론에서 배운 투시 원근법, 공기 원근법을 사용해 사진에 깊이감을 더해 보세요. 가장 쉬운 방법은 1점 투시로, 대부분의 경우 대상의 정면에서 찍으면 1점 투시를 구현할 수 있습니다. 참고로 공기 원근법은 흐린 날일수록 더욱 표현이 잘 됩니다.

BALANCE

디자인 구구단 3단 : 균형

디자인에서 균형은 시각적으로 안정감을 제공합니다. 3단에서는 시각적 균형을 이루는 요소와 원리에 대해 학습합니다.

디자인에서 각 요소는 특성에 따라 다른 '주목도'를 가지며, 관찰자의 시선은 강한 쪽에서 약한 쪽으로 흘러갑니다. 디자인에서는 이를 **시각적 위계**(Hierarchy)라고 합니다.

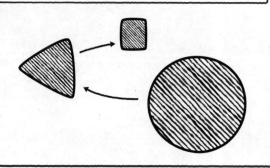

완성도 높은 디자인은 시각적 위계의 균형이 잘 잡혀 있는 것을 말합니다.

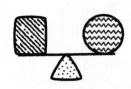

이 이미지를 주목도 측정기로 한번 살펴보겠습니다.

주목도는 이렇게 요소가 아닌 강도(진하기)로 봐야 합니다.

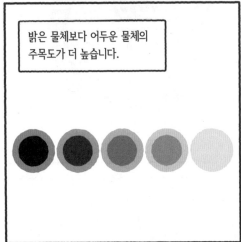

밝은 물체보다 어두운 물체의 주목도가 더 높습니다.

작은 물체보다 큰 물체의 주목도가 더 높습니다.

이렇게 작고 어두운 물체와 크고 밝은 물체의 주목도가 비슷해 질 수 있습니다. 완성도 높은 디자인을 만들기 위해서는 **어떤 물체가 주목도가 강한지 파악할 수 있는 능력**이 매우 중요합니다. 이 능력은 연습을 통해 향상시킬 수 있습니다.

주목도를 결정하는 주요 속성

크기

기본적으로 시선의 흐름은 큰 곳에서 작은 곳으로 이동합니다. 같은 모양의 물체 두 개가 있는 경우 크기가 큰 쪽의 '주목도'가 더 높습니다.

명도

밝기가 어두울수록, 채도가 높을수록 '주목도'가 높아집니다. 시각적 균형에서 가장 큰 비중을 차지하는 속성은 크기와 색입니다.

채도 차이
같은 크기일 때 채도가 높은 물체의 '주목도'가 더 높습니다.

단순성
물체가 복잡하거나 디테일이 많을수록 '주목도'가 높아집니다.

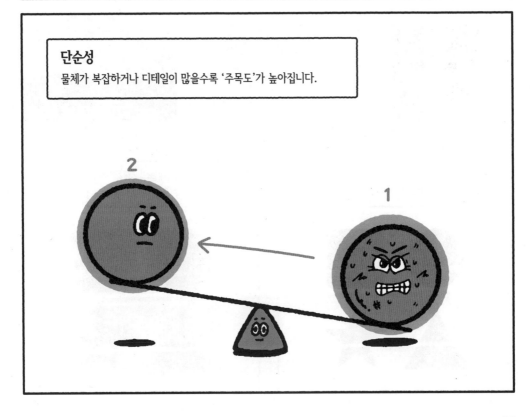

형태

같은 높이와 너비를 가졌다 해도 형태에 따라 시각적 무게가 다를 수 있습니다. 세 도형의 시각적 균형을 맞추기 위해서는 크기 조절이 필요합니다.

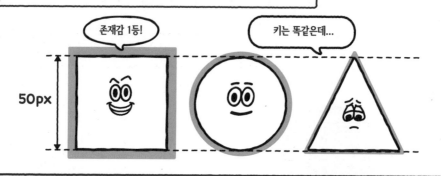

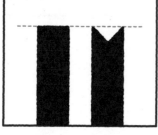

띠의 길이는 같지만, 한쪽이 더 짧아 보이지 않나요?

시각적 균형을 쉽게 보는 방법이 있습니다.

바로 눈을 가늘게 뜨는 겁니다.

시각적 균형이 잘 안보일 때 물체를 흐리게 보려고 한다면

비슷한 크기의 형태들의 시각적 무게를 쉽게 볼 수 있습니다.

대칭/비대칭 공간 구성

대칭 공간 구성

대칭 공간 구성은 디자인의 왼쪽과 오른쪽 또는 위쪽과 아래쪽이 서로 대칭을 이루는 것을 의미합니다.

완벽한 대칭

완벽한 대칭은 패턴 디자인이나 로고 등에서 주로 쓰입니다. 대칭으로 구성된 디자인은 안정감을 주지만, 지루하게 느껴질 수 있습니다.

시각적 평형을 이룬 대칭

비슷한 크기나 색, 형태로 시각적 무게감이 유사한 요소가 대칭된 것을 시각적 평형을 이룬 대칭이라고 합니다. 스마트폰 앱과 같은 아이콘에서 볼 수 있습니다.

상하 대칭 구도
상하 대칭은 주로 잔잔한 강이나 바다에
비친 풍경에서 볼 수 있습니다.

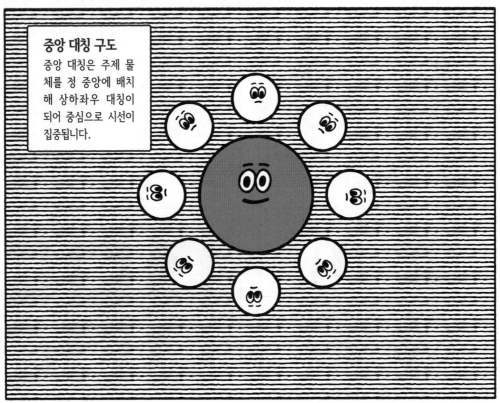

중앙 대칭 구도
중앙 대칭은 주제 물
체를 정 중앙에 배치
해 상하좌우 대칭이
되어 중심으로 시선이
집중됩니다.

비대칭 공간 구성

비대칭 균형은 디자인에서 대칭적이지 않게 요소들을 배치하는 것입니다. 비대칭 균형은 대칭 균형보다 더 동적이며 시선을 끌기 쉽습니다.

하지만 요소가 많아질수록 균형을 잡기 어렵고, 적절한 균형을 맞추지 못하면 디자인이 산만해질 수 있습니다.

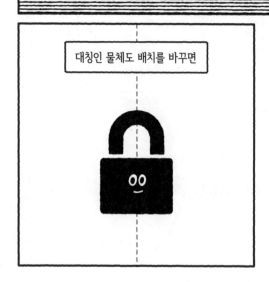

대칭인 물체도 배치를 바꾸면

비대칭 구도로 만들 수 있습니다.

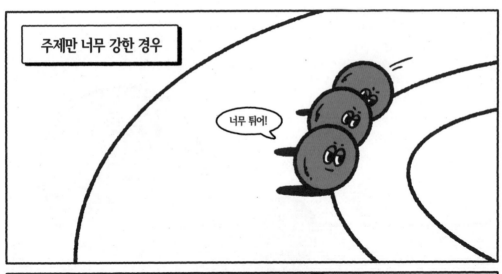

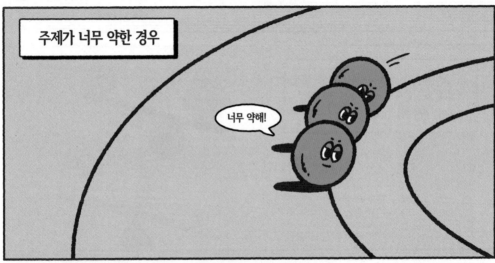

모든 것을 동시에 보려고 하면 어렵습니다. 처음에는 크기, 명도, 채도, 단순성을 분리해서 시각적 균형 감각을 연습해 보세요!

크기

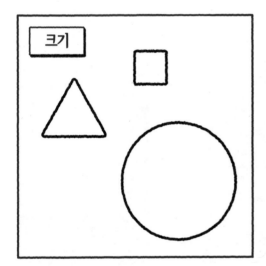

명도

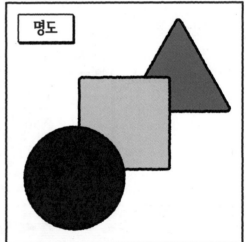

채도

단순성

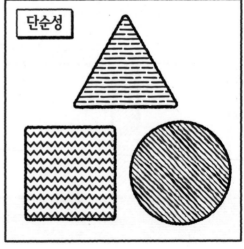

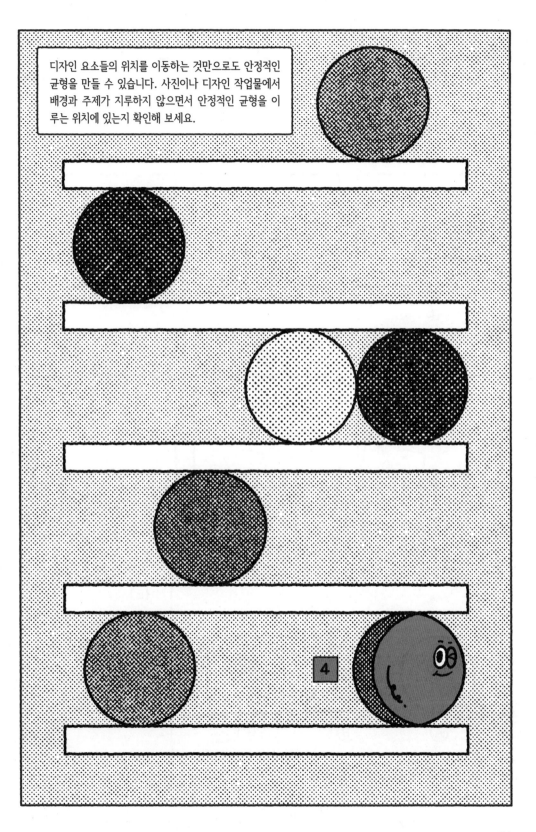

디자인 요소들의 위치를 이동하는 것만으로도 안정적인 균형을 만들 수 있습니다. 사진이나 디자인 작업물에서 배경과 주제가 지루하지 않으면서 안정적인 균형을 이루는 위치에 있는지 확인해 보세요.

이번 단에서 배운 디자인 이론 문제를 풀어봅시다.

1 시각적 위계의 차이가 가장 적은 디자인을 고르세요.

(A)　　　　　　　**(B)**　　　　　　　**(C)**

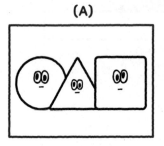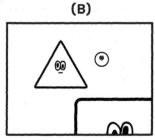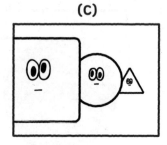

2 원의 주목도가 가장 높은 이미지를 고르세요.

(A)　　　　　　　**(B)**　　　　　　　**(C)**

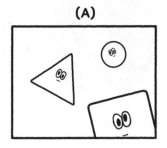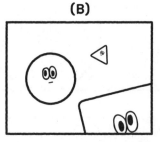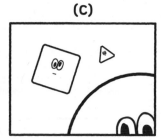

3 다음 중 시각적 무게가 가장 약한 도형을 고르세요.

(A)

(B)

(C)

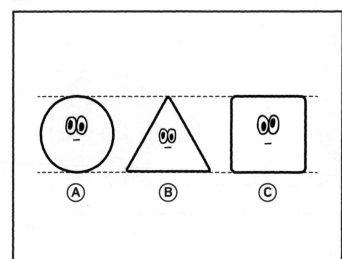

4 다음 중 주목도가 가장 높은 도형을 고르세요.

(A) **(B)** **(C)**

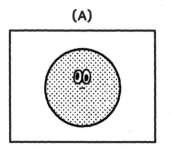 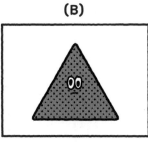 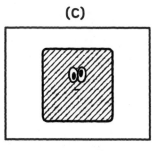

5 대칭 공간 구성 이미지를 고르세요.

(A) **(B)** **(C)**

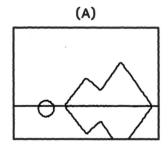 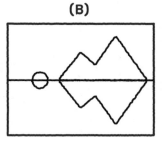 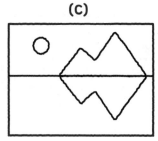

6 가장 안정감이 높은 이미지를 고르세요.

(A) **(B)** **(C)**

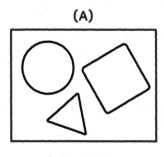 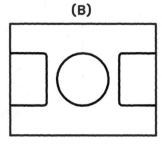 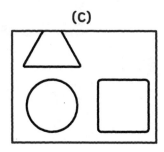

7 주제를 가장 잘 보여주는 타이틀 비율을 고르세요.

(A) **(B)** **(C)**

What is the shutter speed

What is the shutter speed

What is the
**Shutter
Speed**

1 정답: (A)
도형들의 크기 차이가 없어 시각적 위계가
가장 적습니다.

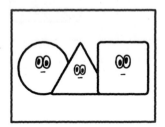

2 정답: (B)
맨 뒤는 작아서 주목도가 약하고, 맨 앞은
잘리기 때문에 주목도가 약해집니다.

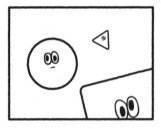

3 정답: (B)
도형의 높이는 같지만, 삼각형의 면적이
가장 작기 때문에 시각적 무게감이 낮습
니다.

4 정답: (B)
세 도형의 질감은 비슷하지만, (B)는 채도
가 있기 때문에 주목도가 가장 높습니다.

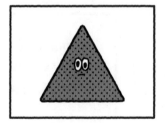

5 정답: (B)
화면의 가로 중심선을 기준으로 위아래가 대
칭으로 구성되어 있습니다.

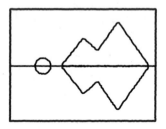

6 정답: (B)
대칭 구도로 배치한 (B)의 안정감이 가장 높
습니다.

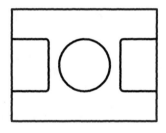

7 정답: (C)
(A)와 (B)는 같은 글자 크기로,
주제 'Shutter Speed'가 강조되지 않습니다.

**What is the
Shutter
Speed**

무게 감각 키우기

디자인에서 '무게 감각'을 키우는 것은 물리적 현실을 반영하여 시각적으로 안정감과 균형을 제공하는 중요한 요소입니다. 크기, 중력, 기울기, 지렛대, 부력 등의 물리법칙을 활용하여, 디자인 속 객체들이 실제 세계의 무게와 중력을 가진 것처럼 보이게 할 수 있습니다. 예를 들어, 수평선이나 '바닥'으로 인식되는 선을 그림으로써 객체들이 그 위에 실제로 놓여 있는 듯한 효과를 줄 수 있습니다. 이때 물체가 바닥에 닿아 있으면 중력의 영향을 받는 것처럼 보이고, 바닥선 위에 떠 있으면 가벼워 보입니다.

또한, 바닥이 기울어진 상황을 표현하면 물체가 중력의 영향으로 기운 쪽으로 이동할 것 같은 느낌을 줄 수 있습니다. 이러한 표현은 디자인에 동적인 움직임과 긴장감을 더하며, 보는 이에게 물리적 현실감을 전달합니다. 무게감을 조절하는 것은 단순히 시각적 효과를 넘어서 디자인 전체의 조화와 안정감을 조절하는 데에도 중요합니다. 예를 들어, 크고 무거운 요소와 작고 가벼운 요소를 적절히 배치하여 시각적 균형을 맞추는 것입니다.

이러한 물리적 요소를 활용하여 디자인의 무게감을 조절하는 방법을 탐구합니다. 다양한 크기와 형태의 요소들을 배치하고, 그들 사이의 상호작용을 실험하면서 디자인 속 물리적 현실감을 표현하는 방법을 익히게 됩니다. 이 과정을 통해 여러분은 디자인에서 무게와 균형을 효과적으로 조절하는 능력을 키울 수 있습니다.

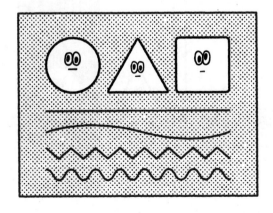

진행 방법

학습지 프레임 안에 원, 삼각형, 사각형을 이용해 무게감을 표현합니다. 직선과 곡선을 사용할 수 있습니다. 창의력을 발휘해 다양한 조합의 구도를 그려보세요!

 디자인 요소가 많아질수록 어렵습니다. 처음에는 단순하게 그리는 연습을 해보세요!

아이디어가 떠오르지 않는다면 예시를 따라해 보세요!

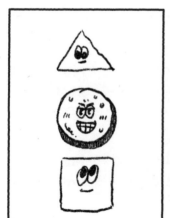

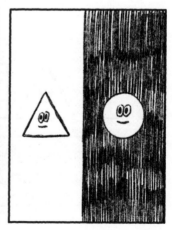

직접 해보기

연필이나 색연필로 직접 이론을 그려보세요.
다른 사람에게 보여주고 이해시킬 수 있으면 성공입니다!

1 시각적 평형을 이루는 대칭 사진

대칭 구도는 안정감을 만드는 가장 쉬운 구조입니다. 이것도 마찬가지로 일부가 아닌 덩어리로 보는 연습을 해야 합니다. 카메라에서 격자 모드를 켜고 수평 수 직을 맞추면 훨씬 안정감 있는 구도를 만들 수 있습니다. 아무 변화도 없는 대칭 구도는 지루해지기 쉽습니다. 완전히 똑같지는 않지만, 시각적 무게감이 비슷한 두 물체를 찾아 대칭 구도로 사진을 찍어보세요.

2 비대칭 공간 구성 사진

대칭 구성이 아니면 모두 비대칭입니다. 똑같은 물체를 찍더라도 정 가운데 두면 대칭이지만, 카메라를 살짝만 옆으로 옮겨도 비대칭 구도가 됩니다. 비대칭 구도는 다이내믹하고 재미있게 만들 수 있지만, 여러 가지 요소들의 전체적인 균형을 맞춰야 해서 안정감을 만들기 어렵습니다. 주제가 너무 쏠리지는 않았는지, 요소들이 너무 산만하지 않은지 등 여러 위치를 잡아보는 연습을 합니다.

COLOR

디자인 구구단 4단 : 색의 속성

색이 발생하는 방식에는 빛의 반사, 흡수, 굴절 등이 있습니다. 색은 빨강, 주황, 노랑, 초록, 파랑, 남색, 보라 등 다양한 색상으로 이루어져 있으며, 이러한 색상들은 각각 색상(Hue), 채도(Saturation), 명도(Brightness) 세 가지 속성을 가지고 있습니다. 4단에서는 색의 속성에 대한 개념과 이해와 사용 방법에 대해 학습합니다.

색상

색상은 색의 종류를 말합니다. 빨강, 주황, 노랑, 파랑 등 각각의 색은 다른 색상을 가지고 있습니다. 색상은 색을 구분하는 가장 기본적인 속성 중 하나입니다.

채도

채도는 색의 강도를 말합니다. 같은 색 중 채도가 높은 색상은 더 진하고 선명하게 보입니다. 채도가 낮을수록 회색에 가까워지고, 채도가 높을수록 색은 더 생동감 있고 풍부해집니다.

명도

명도는 색상의 어둡고 밝은 정도를 나타내는 속성입니다. 명도가 높을수록 더 밝고 화려한 색상을 나타내며, 반대로 명도가 낮을수록 색상은 어둡고 더 흐릿해집니다.

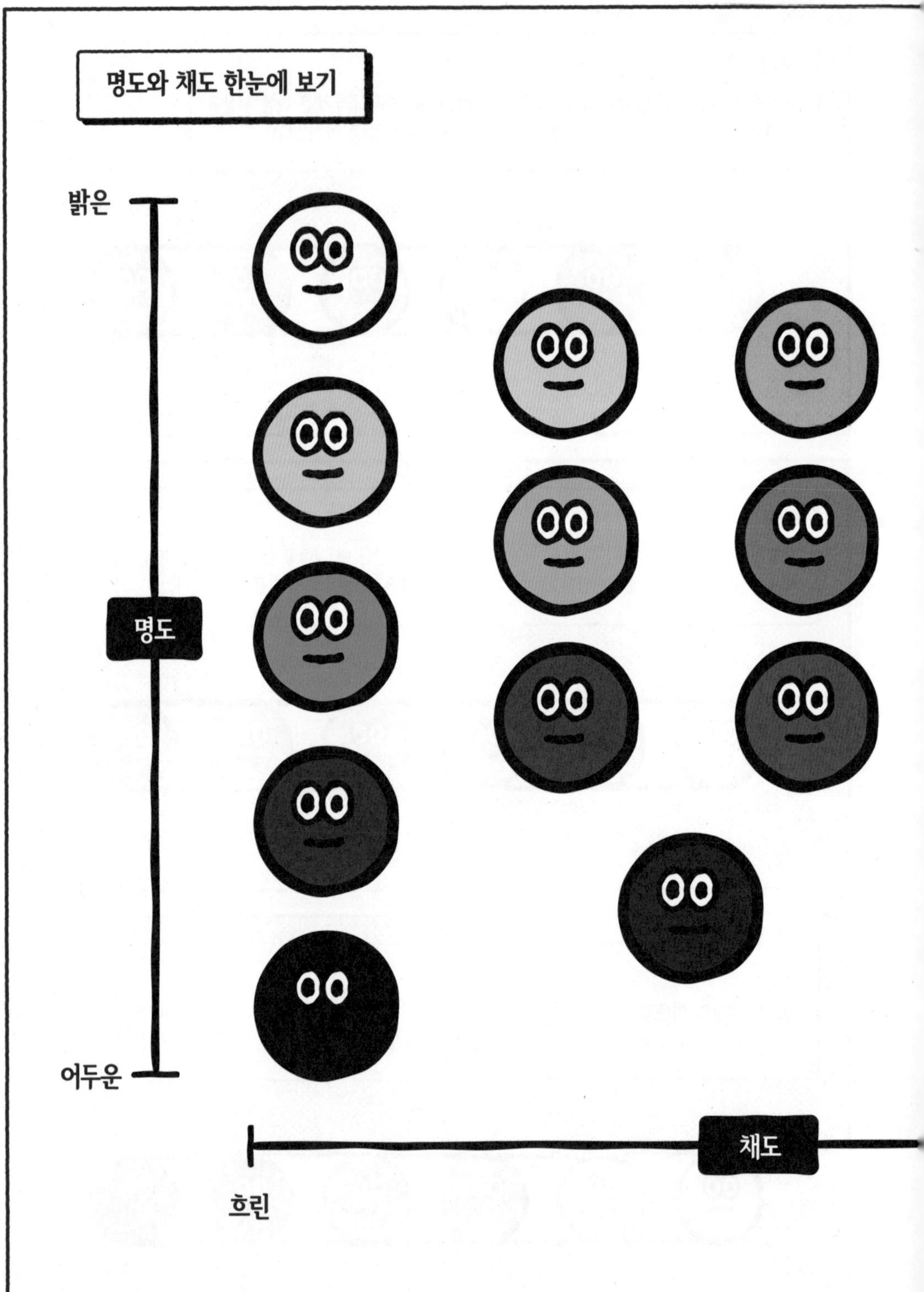

명도와 채도 한눈에 보기

밝은

명도

어두운

흐린

채도

사물을 명도와 채도로 구분해서 보는 연습을 하면 색을 더욱 자유롭게 사용할 수 있습니다.

선명한

채도가 높고 밝은 물체에 그림자를 만들면 채도와 명도가 낮아집니다.

채도가 낮고 어두운 물체에 빛을 비추면 명도와 채도가 높아질 수 있습니다.

한국에서는 명도나 밝기라는 말을 주로 쓰지만, 영어에서는 Brightness와 Value로 쓰이며, 이 둘은 약간 다른 개념을 나타냅니다.

Brightness는 색상의 빛의 강도나 밝기를 나타냅니다. 특히 빛의 강도에 초점을 맞추고 있으며, 빛의 강도에 따라 색상이 얼마나 밝고 어두운지를 나타냅니다. 예를 들어, 같은 색상이라도 빛이 더 많이 비칠수록 '밝다'고 표현할 수 있습니다.

Value는 색상의 명암을 나타내며, 색상이 어두운 검정색에서 밝은 흰색에 이르기까지의 범위를 말합니다. Value는 색상 자체 밝기 레벨에 더 초점을 맞추며, 같은 녹색이라도 밝은 녹색은 높은 Value를, 어두운 녹색은 낮은 Value를 가집니다.

명도 대비

명도의 차이가 클수록 대비의 힘은 강해집니다. 하지만 너무 강한 대비는 오히려 주의를 산만하게 만들 수 있으니, 명도의 각 끝에 있는 화이트와 블랙의 극단적인 대비는 피하는 것이 좋습니다.

거리가 멀어질수록 대비 효과가 강해진다.

어두운 색과 밝은 색이 만나 대비가 생기는 부분에 시선이 가장 먼저 갑니다.

채도 대비

채도의 차이가 클수록 대비의 힘은 강해집니다. 마찬가지로 너무 강한 대비는
균형을 무너뜨릴 수 있어 크기와 위치를 고려해 사용하는 것이 좋습니다.

거리가 멀어질수록 대비 효과가 강해진다.

개체가 많을 때 채도 대비를 이용하면 원하는
대상을 강조할 수 있습니다.

색상환

색상환(Color Wheel)은 색상을 원형으로 배열한 것을 말합니다.
일반적으로 원형으로 배열된 색상환은 색상 간의 관계와 색상의 변
화를 시각적으로 이해하기 쉽게 해줍니다.

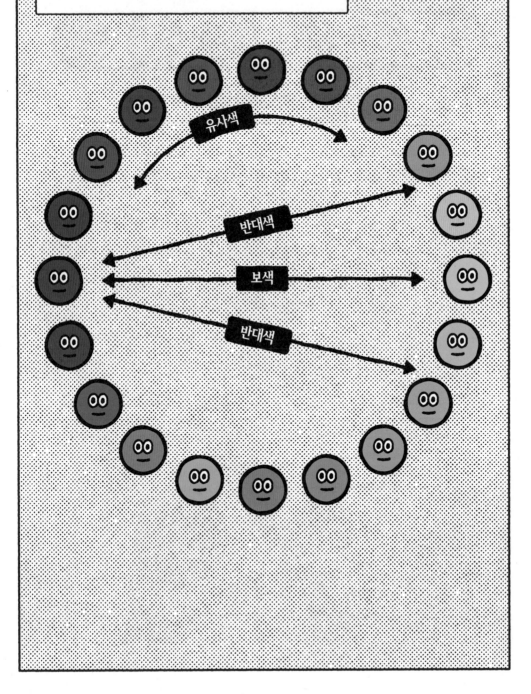

유사 대비

유사 대비는 색상환에서 인접한 위치에 있는 색상들끼리의 대비를 의미합니다. 이러한 대비는 보통 부드럽고 조화로운 느낌을 줍니다. 예를 들어, 주황색과 노란색, 자주색과 보라색, 남색과 파란색은 유사색입니다.

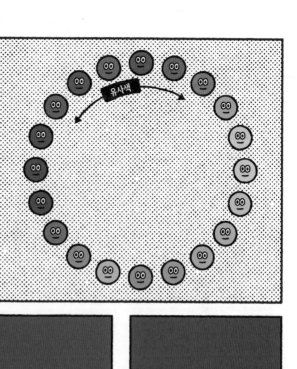

반대 대비 / 보색 대비

보색 대비는 색상환에서 서로 정반대의 위치에 있는 색상들을 조합하여 대비를 만드는 것을 의미합니다. 예를 들어, 빨강과 초록, 파랑과 주황 등이 대표적인 보색입니다. 보색 주변의 반대되는 색상과의 조합을 반대 대비라고 합니다. 이러한 색상들을 함께 사용하면 서로 더욱 두드러져 보여 시각적인 효과를 높일 수 있습니다.

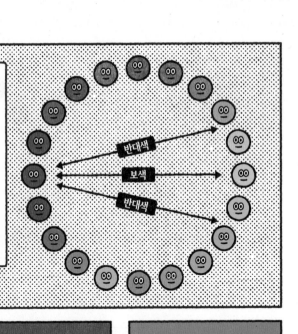

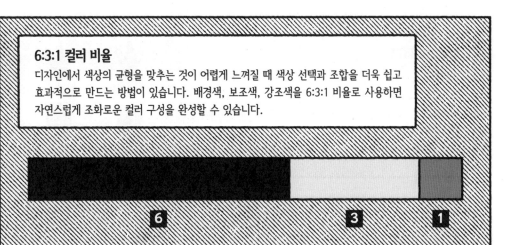

6:3:1 컬러 비율

디자인에서 색상의 균형을 맞추는 것이 어렵게 느껴질 때 색상 선택과 조합을 더욱 쉽고 효과적으로 만드는 방법이 있습니다. 배경색, 보조색, 강조색을 6:3:1 비율로 사용하면 자연스럽게 조화로운 컬러 구성을 완성할 수 있습니다.

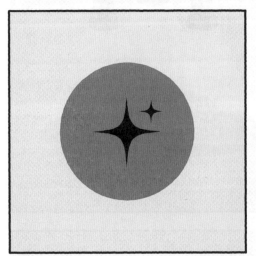

CMYK / RGB

모니터로 본 디자인 결과물을 인쇄물로 뽑았을 때 색상이 다
른 경우가 있습니다. 이는 디지털과 출력물의 색상 표현 방식
이 다르기 때문입니다. 가장 많이 사용하는 두 가지 색상 표
현 방법에 대해 알아봅시다.

RGB

RGB는 Red, Green, Blue의 약자로, 빛의 삼
원색을 조합하여 색상을 만듭니다. 빛을 기반
으로 하고 있어 TV, 모니터와 같은 디스플레이
에서 적합한 색 표현 방식입니다.

CMYK

CMYK는 Cyan, Magenta, Yellow, Key(Black)
의 약자입니다. 잉크를 섞어 색을 만드는 방식
으로, 주로 인쇄 작업에 사용됩니다. RGB에
비해 색의 스펙트럼이 낮아 모니터의 색을 그
대로 표현하기 어렵습니다.

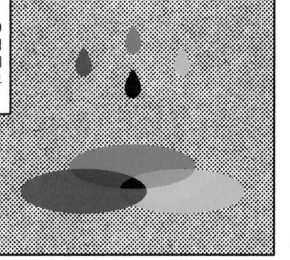

색을 잘 쓴다는 것은 색의 강약 조절을 통해 **주제를 강조하면서도 안정감 있게 만드는 것**입니다. 어떤 색을 사용했는지보다 주어진 색상을 어떤 비율로 사용했는지가 더 중요합니다.

색을 사용할 때는 색상이 아닌 **명도와 채도**로 보는 습관을 들여보세요!

넘어가 볼까?

4단 정리하기

이번 단에서 배운 디자인 이론 문제를 풀어봅시다.

1 다음 중 채도 차이를 나타내는 이미지를 고르세요.

(A)   (B)   (C)

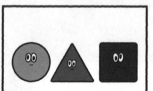 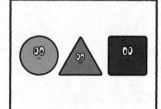 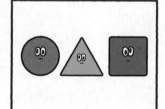

2 다음 중 명도가 가장 낮은 이미지를 고르세요.

(A)   (B)   (C)

 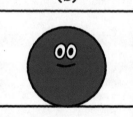 

3 다음 중 자체 색이 가장 어두운 물체를 고르세요.

(A)

(B)

(C)

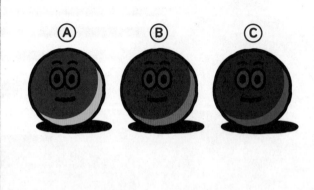

92

4 다음 중 적절한 색 조합의 디자인을 고르세요.

(A)	(B)	(C)

5 가장 안정적으로 사용할 수 있는 색 조합을 고르세요.

(A)	(B)	(C)
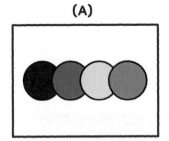	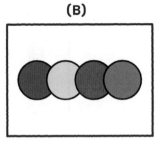	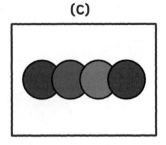

6 로고가 가장 잘 보이는 색 조합을 고르세요.

(A)	(B)	(C)
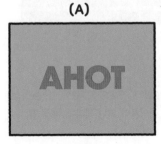	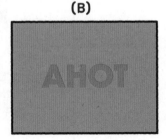	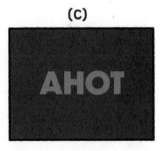

7 다음 중 유사 대비로 디자인과 가장 잘 어울리는 색 조합을 고르세요.

(A)	(B)	(C)

1 정답: (B)
(A)는 명도 차이, (C)는 색상 차이입니다.
(B)는 채도와 명도 차이 모두 있습니다.

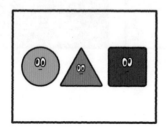

2 정답: (B)

3 정답: (C)
휴대폰 카메라를 흑백 모드로 바꾸고 예시
를 찍어보면 (C)의 명도가 가장 낮은 것을
볼 수 있습니다.

4 정답: (B)
Main > Sub Text > 설명 순으로 강조가
되어야 합니다. (B)는 우선순위에 따라 채
도를 설정했습니다.

5 정답: (A)
명도와 채도가 다른 4개의 조합으로 (A)의
색상이 강약 조절하기 쉽습니다.

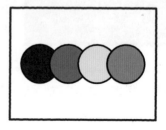

6 정답: (C)
명도와 보색 대비를 함께 이용해 (C)의 주
목도가 가장 높습니다.

7 정답: (B)
빨간색과 노란색은 유사색이고, Spicy와
불꽃 아이콘이 지닌 의미와 가장 잘 어울
리는 색상입니다.

컬러 감각 키우기

컬러 감각을 키우는 것은 디자인에서 중요합니다. 색상의 선택과 조합에 따라 디자인의 전반적인 분위기와 메시지 전달에 큰 영향을 미치기 때문입니다. 색상 사용의 기본 원칙 중 하나는 색상의 갯수를 줄이는 것입니다. 채도가 높은 색상이 많아질수록 균형을 맞추기 어려워지고, 디자인이 혼잡해질 수 있습니다. 이번 학습에서는 명도 대비, 채도 대비, 보색 대비를 이용하여 주제를 강조하는 방법을 각각 세 가지 연습을 통해 탐구합니다.

첫 번째 연습에서는 명도 대비를 활용합니다. 연필을 이용해 도형의 밝기만으로 명도를 다양한 단계로 표현해 봅니다. 이 과정에서는 주제와 인접한 면적과의 명도 차이, 그리고 전체 화면의 균형을 고려하는 것이 중요합니다.

두 번째 연습에서는 한 가지 색상을 선택하고, 채도만으로 채도 대비를 표현합니다. 채도는 색상의 강렬함을 나타내며, 약간의 차이에도 큰 영향을 미칠 수 있습니다. 채도가 높아질수록 명도가 높아지는 경향이 있지만, 모든 색상에서 이 관계가 동일하지 않다는 점을 유의해야 합니다. 예를 들어, 노란색과 파란색은 채도가 같더라도 노란색이 더 밝아 보입니다. 이는 색상의 본질적인 특성으로, 색상마다 명도가 다르기 때문입니다.

세 번째 연습에서는 보색 대비를 활용합니다. 보색 관계에 있는 두 색을 선택하고, 이를 통해 강렬한 주목도를 생성합니다. 보색을 쉽게 사용하는 방법은 주제의 색상은 채도를 높이고, 부제의 보색 색상은 채도를 낮추는 것입니다. 이 방법은 강력한 시각적 대비를 만들어 내며, 동시에 디자인의 균형을 유지하는 데 도움이 됩니다.

이러한 연습을 통해 여러분은 색상의 사용 방법을 배우고, 컬러 감각을 발전시킬 수 있습니다. 색상은 디자인에서 감정을 전달하고 분위기를 설정하는 중요한 요소이므로, 색상의 선택과 조합에 대한 깊은 이해는 디자인의 효과를 극대화하는 데 필수입니다.

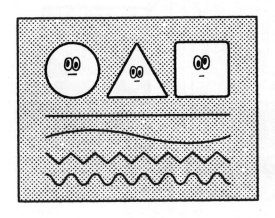

진행 방법

학습지 프레임 안에 원, 삼각형, 사각형을 이용해 명도, 채도, 보색 대비를 표현합니다. 직선과 곡선을 사용할 수 있습니다. 창의력을 발휘해 다양한 조합의 구도를 그려보세요!

디자인 요소가 많아질수록 어렵습니다. 처음에는 단순하게 그리는 연습을 해보세요!

아이디어가 떠오르지 않는다면 예시를 따라해 보세요!

직접 해보기

연필이나 색연필로 직접 이론을 그려보세요.
다른 사람에게 보여주고 이해시킬 수 있으면 성공입니다!

1 채도 대비를 이용해 주제를 강조한 사진

채도 대비는 가장 쉽게 주제를 강조하는 방법이며, 디자인에도 쉽게 적용할 수 있습니다. 주제는 채도를 높이고 배경의 채도는 낮추는 것이죠. 제 그림도 대부분 주제에 채도가 높은 주황색을 포인트로 사용하고, 배경은 무채색에 가까운 색을 사용한 것을 볼 수 있습니다. 사진으로 연습을 하는 이유는 어느 정도가 적당한지 감각을 익히기 위해서입니다. 너무 과하면 산만해지고 너무 적으면 대비 효과가 일어나지 않습니다. 채도 대비를 이용해 주제를 강조하는 사진을 찍어보고 그 힘을 느껴보세요.

2 보색 대비를 이용해 주제를 강조한 사진

보색 대비는 강한 주목도를 만들어 내지만, 잘못 쓰면 촌스러워지기 쉽습니다. 보색 대비에서는 비율 설정과 명도/채도 조절을 잘해야 합니다. 1:1 비율로 사용하기보다 7:3, 8:2 비율로 사용하는 것이 좋고, 한쪽은 채도를 높게 한쪽은 채도를 낮게 하는 것이 좋습니다. 사진에서 채도를 마음대로 조절하기 힘들면 비율을 조절해 보는 것이 좋습니다. 사진 보정 툴을 사용할 줄 안다면 기술적으로 조절해 보아도 좋습니다. 색상환에서 반대색인 보색을 찾아 주제를 강조해 보세요. 보색을 찾기 어렵다면 직접 연출해 봐도 좋습니다. 파란색 배경 앞에 노란색 물건을 들고 찍으면 보색 대비가 됩니다.

TEXTURE

디자인 구구단 5단 : 질감

디자인에서 질감은 **느낌이나 메시지를 효과적으로 전달**하는 데 도움을 줍니다. 또한, 디자인 요소들 사이에서 **대비를 만드는 데** 사용할 수 있습니다. 질감은 일러스트, 사진, 영상 등 다양한 작업물에 적용할 수 있습니다. 5단에서는 질감을 이용하여 분위기를 만들고 **주제를 강조하는 방법**에 대해 학습합니다.

시각 디자인에서 질감은 디자인의 완성도를 높이는 데 큰 역할을 합니다. 하지만 질감을 과도하게 사용하면 디자인 결과물이 지저분해 보일 수 있으므로 적절한 양을 사용하는 것이 중요합니다. 질감의 종류에는 나무, 금속, 원단, 종이, 벽돌, 수채화, 잔디 등 다양한 종류가 있습니다. 질감을 통해 원하는 분위기와 느낌을 더욱 강조하여 표현할 수 있습니다.

질감의 주목도 파악하기

먼저 질감의 특성을 파악하기 위해서는 색상, 무늬, 광택, 패턴, 밀도 등 대상이 가지고 있는 고유의 특징을 관찰해야 합니다. 질감에 따라 시각적 무게감인 '주목도'가 다르기 때문에 어떤 질감의 '주목도'가 높은지 찾는 것이 중요합니다.

반사율이 높을수록 주목도가 높아진다.

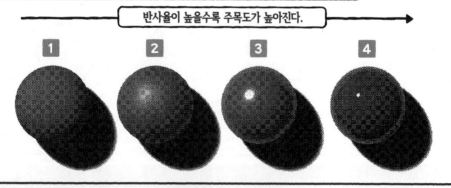

분석해 볼까요?

사용된 질감

쿠키, 나무, 플라스틱,
나무막대, 장갑,
아이스크림, 토핑 가루

거칠고 울퉁불퉁한 질감의 쿠키가 주목도가 가장 높고, 자연스럽게 다른 질감으로 시선이 이어지게 합니다.

배경은 흐리게 처리하여 질감의 주목도를 낮춰 주제를 더 돋보이게 했습니다.

질감의 종류

눈으로 볼 수 있는 모든 물체는 질감을 가지고 있습니다. 일상생활 속에서 물체의 질감을 유심히 살펴보면 매우 다양한 질감을 발견할 수 있습니다. 평소에 이러한 질감을 관찰하는 습관을 들이면 디자인할 때 의도와 잘 맞는 질감을 쉽게 생각해낼 수 있습니다.

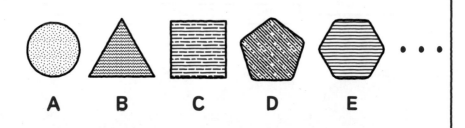

A   B   C   D   E   • • •

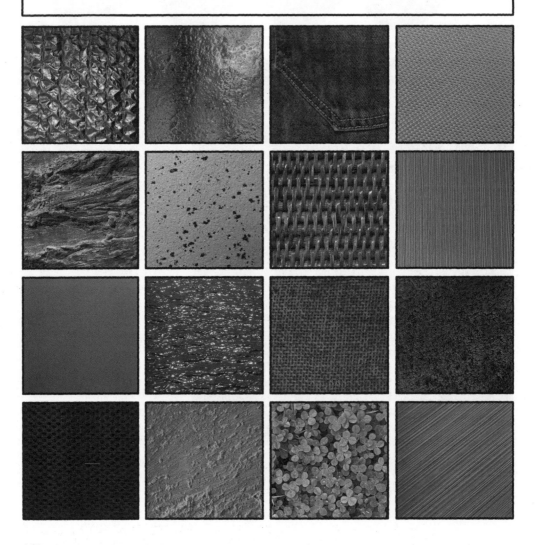

같은 질감 안에서도 특징에 따라 다양하게 나눌 수 있습니다. 예를 들어, 나무 질감도 나무의 종류에 따라 모두 다른 질감을 가지고 있습니다.

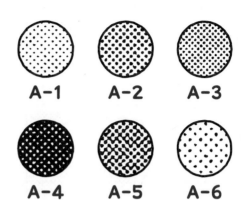

A-1 A-2 A-3

A-4 A-5 A-6

질감의 특징 파악하기

불투명한 유리의 흐릿함, 볼록 거울의 왜곡, 일렁이는 물결의 비침, 돋보기의 확대, 투명한 유리의 반사 등 질감의 주요 특징을 관찰하여 그 특성을 파악해야 합니다.

캐리커쳐 처럼요!

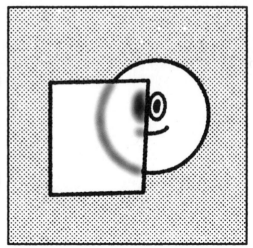

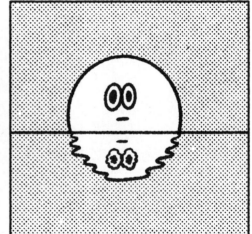

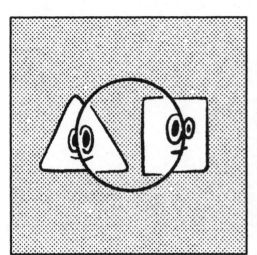

질감의 특징 이용하기

텍스트나 이미지를 강조할 때 텍스트와 관련된 질감을 사용하면 주제와 연관성이 깊어지며, 더욱 눈에 띄게 됩니다. 질감을 표현하는 방법은 여러 가지가 있습니다. 질감을 사진으로 찍거나, 직접 그리거나, 포토샵 같은 이미지 프로그램을 이용해 디자인할 수 있습니다.

질감 대비

질감 대비를 통해 디자인에서 주제를 강조할 수 있습니다. 예를 들어, 배경과 주제의 질감을 다르게 하거나 이미지 전체에 질감을 추가하는 방법을 사용할 수 있습니다. 이러한 방법은 주제와 연관된 이미지를 더욱 강조하고 시각적인 흥미를 더해줍니다.

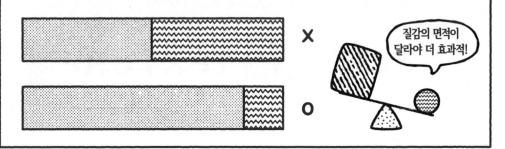

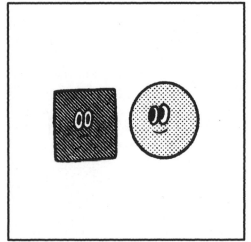

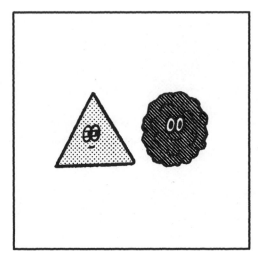

반짝이는 질감과 거친 질감의 대비는 주변에서 쉽게 찾아볼 수 있습니다.

특성의 차이가 클수록 대비 효과도 커집니다.

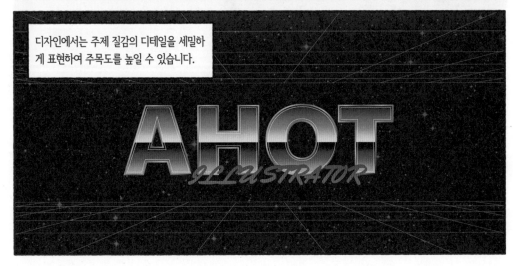

디자인에서는 주제 질감의 디테일을 세밀하게 표현하여 주목도를 높일 수 있습니다.

질감의 성질을 이용한 디자인

가벼움, 휘어짐, 갈라짐, 흐름 등 질감의 성질을
알면 디자인 전달력을 높일 수 있습니다.

가벼운 종이의 성질을 이용하면 편안함,
가벼움, 안정감을 표현할 수 있습니다.

질감으로 완성도 높이기

디자인이 밋밋해 보일 때 질감을 추가하는 것만으로도 완성도를 높일 수 있습니다.
하지만 질감을 실사처럼 디테일하게 표현하는 것이 항상 좋은 디자인은 아닙니다.
디자인의 목적과 의도에 맞게 적절하게 설정하는 것이 중요합니다.

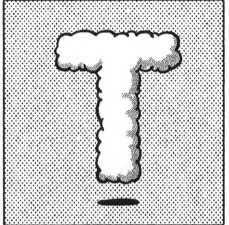

거친 종이에 네임펜으로 도형을 그려보고, 똑같은 도형을 컴퓨터 프로그램을 사용해
깨끗한 배경과 깔끔한 선으로 그려보면서 두 방식의 차이를 느껴보세요.

질감 없음

선, 종이 질감 추가

쉽게 적용해 볼 수 있는 질감 : 종이

종이는 유광, 무광, 부드러운, 거친, 오래된, 주름진 등 다양한 질감이 있고 친숙합니다. 종이 질감은 디자인에 생동감을 더할 수 있는 가장 간단하고 효과적인 방법입니다.

나 누군지 알지?

DESIGN
GUGUDAN

TEXTURE

Texture is about the visual feel of a surface in design. Texture add depth and feel of touch in a design to create contrast difference between various design elements. Texture can be applied to various fields such as illustration, photography, and videography. In this session, we will study about how texture is used to create different feel and emphasize the subject.

DESIGN
GUGUDAN

TEXTURE

Texture is about the visual feel of a surface in design. Texture add depth and feel of touch in a design to create contrast difference between various design elements. Texture can be applied to various fields such as illustration, photography, and videography. In this session, we will study about how texture is used to create different feel and emphasize the subject.

종이 질감 찾는 요령

원하는 질감 이미지를 찾고 싶은데 어떻게 해야 할지 모르겠다면 아래 키워드를 참고해 보세요!

Paper Texture : 일반적인 종이 질감	Linen Paper Texture : 린넨 종이 질감
Wrinkle Texture : 주름진 종이 질감	Parchment Paper Texture : 양피지 질감
Crumpled paper : 구겨진 종이 질감	Craft Paper Texture : 크래프트 종이 질감
Folded paper : 접힌 종이 질감	Recycled Paper Texture : 재활용 종이 질감

표현력에 집착하지는 마세요

질감 표현력은 디자이너에게 중요한 능력 중 하나였습니다. 하지만 기술의 발전으로 질감 표현이 쉬워지고 있습니다. 클릭 몇 번으로 다양한 질감을 적용할 수 있고, 인공지능을 이용하면 텍스트로 질감을 입힐 수도 있습니다. 그러나 어떤 질감을 사용할지 결정하는 것은 여전히 디자이너의 역할입니다. 기술은 인간보다 표현을 잘할 수 있지만, 명령하지 않으면 스스로 의사 결정을 할 수 없습니다. 표현력도 중요하지만, 어떤 질감을 사용할지 판단하는 능력을 키우는 것에 더 집중해 보세요.

이번 단에서 배운 디자인 이론 문제를 풀어봅시다.

1 다음 중 주목도가 가장 높은 질감을 고르세요.

(A)   **(B)**   **(C)**

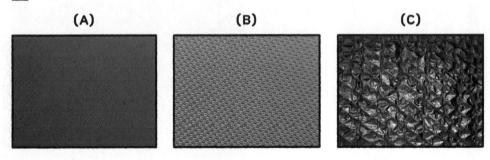

2 다음 금속 질감 중 주목도가 가장 낮은 질감을 고르세요.

(A)   **(B)**   **(C)**

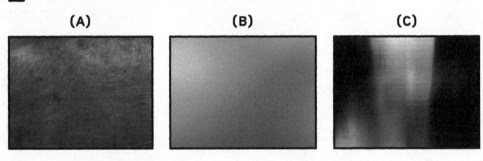

3 다음 질감을 통해 전달할 수 있는 느낌을 고르세요.

(A) 우아함

(B) 강인함

(C) 세련됨

4 다음 중 유리의 특징을 가장 잘 표현한 것을 고르세요.

(A)   (B)   (C)

5 다음 중 뜨거운 느낌을 전달하는 디자인을 고르세요.

(A)   (B)   (C)

6 로고가 가장 잘 보이는 배경 질감을 고르세요.

(A)   (B)   (C)

7 다음 중 종이 질감이 아닌 배경을 고르세요.

(A)   (B)   (C)

1 정답: (C)

굴곡과 반사율이 높은 (C)의 주목도가 가장 높습니다.

2 정답: (B)

3 정답: (B)

거친 돌에서는 우아함이나 세련됨보다 강인함이 느껴집니다.

4 정답: (C)

바닥에 글자가 비치는 효과를 내서 유리의 반사되는 성질을 표현했습니다.

5 정답: (B)

Fire라는 글자와 불꽃 모양으로 (B)가 뜨거운 느낌을 전달합니다.

6 정답: (A)

글자가 어둡기 때문에 밝은 배경의 질감에서 로고가 가장 잘 보입니다.

7 정답: (C)

(C)는 거친 돌 표면의 질감입니다.

질감 표현 감각 키우기

질감 표현은 디자인에서 주제를 강조하고 주목도를 유도하는 데 중요한 역할을 합니다. 물체의 복잡성이나 디테일이 높아질수록 주목도가 증가합니다. 질감은 이러한 원칙을 활용하여 디자인에 깊이와 생동감을 더합니다.

질감이 있는 물체와 없는 물체 사이에는 뚜렷한 시각적 차이가 있습니다. 이 차이는 간단한 질감 표현만으로도 주목도를 현저하게 높일 수 있습니다. 예를 들어, 매끄러운 표면과 거친 표면, 광택 있는 표면과 무광택 표면은 각각 다른 시각적 인상과 감정적 반응을 유발합니다. 따라서 질감은 단순한 시각적 요소를 넘어 디자인에서 메시지와 감정을 전달하는 데 중요한 수단이 됩니다.

이번 학습에서는 다양한 질감을 주제에 적용하여 실습해 봅니다. 여러분은 질감을 이용해 주제를 더욱 돋보이게 하고, 디자인에 깊이와 차별성을 부여할 수 있습니다. 특정 질감을 강조함으로써 관람자의 주의를 특정 부분에 집중시키거나 전체적인 분위기를 조성할 수 있습니다. 질감을 효과적으로 사용하여 디자인의 시각적 매력을 극대화하고, 작품에 생명력을 불어넣는 방법을 탐구해 보세요.

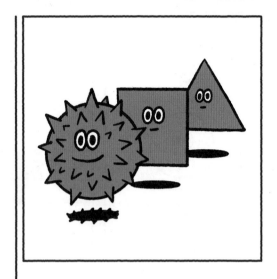

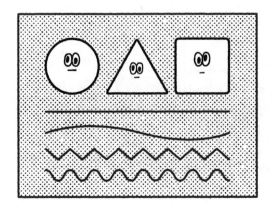

진행 방법

학습지 프레임 안에 원, 삼각형, 사각형을 이용해 여러 질감을 표현합니다. 직선과 곡선을 사용할 수 있습니다. 창의력을 발휘해 다양한 조합의 구도를 그려보세요!

디자인 요소가 많아질수록 어렵습니다.
처음에는 단순하게 그리는 연습을 해보세요!

아이디어가 떠오르지 않는다면 예시를 따라해 보세요!

직접 해보기

연필이나 색연필로 직접 이론을 그려보세요.
다른 사람에게 보여주고 이해시킬 수 있으면 성공입니다!

1 질감의 특성을 이용해 주제를 강조한 사진

아이디어라는 것은 생각보다 대단한 것이 아닌 경우가 많습니다. 일상을 유심히 관찰하면 흔히 보던 사물도 각자의 특성이 있습니다. 유리의 반사되는 특성, 반투명 유리의 흐림 효과, 거친 표면의 빛을 흡수하는 특성 등 여러 가지 특성을 이용해 재미있는 사진을 만들 수 있습니다. 질감의 특성을 이용해 주제를 강조한 사진을 찍어보세요.

2 질감 대비를 이용해 주제를 강조한 사진

서로 다른 두 질감이 만날 때 대비 효과를 볼 수 있습니다. 무조건 다른 두 질감을 찾아 찍기보다 주제와 배경으로 나누어 두 질감을 다르게 설정해 사진을 찍어보세요. 1, 2단에서 배운 주제 비율에는 질감의 주의력도 함께 고려해야 합니다. 질감 대비를 통해 전달하고자 하는 느낌을 극대화해 보세요. 예를 들어, 고양이의 부드러움을 극대화하기 위해 배경에는 거친 질감을 사용할 수 있겠죠.

119

SHAPE&FORM

디자인 구구단 6단 : 형과 형태

디자인에서 '형'은 2차원적인 선들이 연결되어 만들어진 요소를 의미합니다. 원, 사각형, 삼각형과 같은 도형이나 인물의 실루엣처럼 식별 가능한 외형을 가집니다.

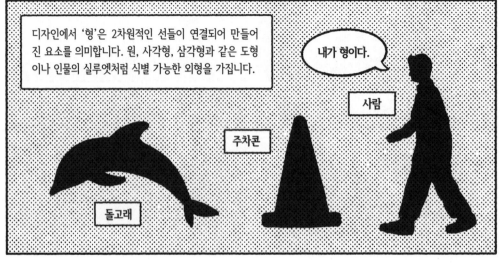

2차원 '형'에 빛, 그림자, 색, 질감, 원근법의 속성 등을 부여하면 입체적인 '형태'가 됩니다.

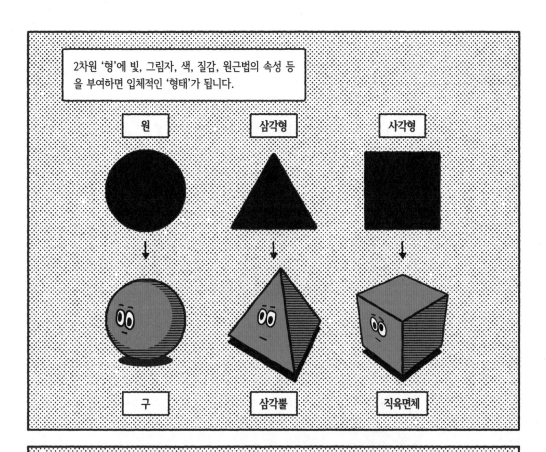

원 　　　삼각형 　　　사각형

구 　　　삼각뿔 　　　직육면체

형과 형태는 디자인에서 매우 중요한 역할을 합니다. 기하학적 형태는 인위적이고 정확한 이미지를 전달하는 데 유용하며, 유기적 형태는 부드럽고 자연스러운 이미지를 전달하는 데 효과적입니다. 디자인 대상의 성격과 목적에 따라 적절한 형태와 형을 선택하는 것이 중요합니다.

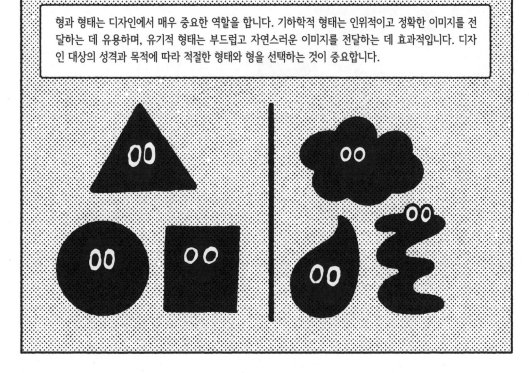

기하학적 형태

딱딱해...

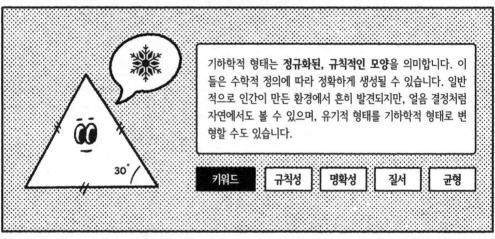

기하학적 형태는 **정규화된, 규칙적인 모양**을 의미합니다. 이들은 수학적 정의에 따라 정확하게 생성될 수 있습니다. 일반적으로 인간이 만든 환경에서 흔히 발견되지만, 얼음 결정처럼 자연에서도 볼 수 있으며, 유기적 형태를 기하학적 형태로 변형할 수도 있습니다.

| 키워드 | 규칙성 | 명확성 | 질서 | 균형 |

30°

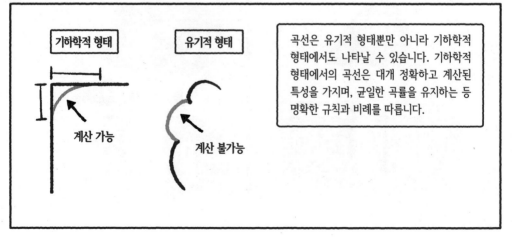

기하학적 형태 | 유기적 형태

계산 가능

계산 불가능

곡선은 유기적 형태뿐만 아니라 기하학적 형태에서도 나타날 수 있습니다. 기하학적 형태에서의 곡선은 대개 정확하고 계산된 특성을 가지며, 균일한 곡률을 유지하는 등 명확한 규칙과 비례를 따릅니다.

기하학적 디자인은 간결하고 깔끔한 느낌을 주며, 대개는 건물, 제품 또는 정보 전달에 사용됩니다. 가장 기본적인 형태인 원, 삼각형, 사각형은 각각 다른 의미와 감정을 전달합니다.

주의 바람!

기하학적 형태는 유기적 형태에 비해 덜 자연스럽고 딱딱한 느낌을 줄 수 있습니다. 따라서, 기하학적 형태만 사용할 경우 디자인이 지나치게 단조로워질 수 있어 주의해서 사용해야 합니다.

완벽!

원은 **완전성, 조화, 무한, 보호** 등을 상징합니다. 원형 로고나 디자인은 친근감을 주고, 공동체와 연결성을 강조하는 브랜드에서 많이 사용됩니다. 사회적 연결을 강조하는 소셜 미디어 플랫폼이나 안전과 보호를 약속하는 보험 회사에서 이러한 형태를 자주 볼 수 있습니다.

가자!

삼각형은 **방향성, 움직임, 진보, 권력, 에너지, 위험** 등을 상징합니다. 동적인 느낌을 주거나 경고 표지처럼 주의를 끌기 위해 사용될 수 있습니다. 상향 삼각형은 성장과 야망을 표현할 수 있고, 하향 삼각형은 안정성과 균형을 표현할 수 있습니다.

평화!

사각형은 **안전성, 신뢰성, 효율, 균형**을 상징합니다. 디자인에서 사각형은 전문성과 신뢰성을 강조하고 싶은 브랜드에서 많이 사용됩니다. 대부분의 디자인 작업은 모니터, 모바일, 종이, 캔버스 등 사각형 형태에서 이루어지기 때문에 가장 친숙한 형태입니다.

유기적 형태

부드러워~

유기적 형태는 자연스럽고 유연한 느낌을 주며, 기하학적 형태와는 대조적입니다. 인간, 동물, 식물 등 자연에서 발견되는 대부분의 생명체에서 유기적 형태를 찾아볼 수 있습니다.

키워드	자연	유동성	비대칭	생명력

나도 버섯

난 버섯

그림을 그릴 때 기하학적 형태는 **조금만 어긋나도 불안정한 느낌이 듭니다.** 반면, 유기적 형태는 대부분 비대칭적이고 불규칙적이기 때문에 실제 형태와 조금 다르더라도 불안정한 느낌이 들지 않습니다.

유기적 형태의 디자인은 자연스러운 느낌을 주며, 패키지, 건축, 제품, 인테리어, 일러스트레이션 등 다양한 분야에서 사용됩니다. 유기적 형태가 주는 의미와 사용 예시를 몇 가지 살펴봅니다.

주의 바람!

유기적 형태는 기하학적 형태에 비해 덜 직관적이고 다소 추상적일 수 있습니다. 따라서, 유기적 형태를 사용할 때는 형태가 너무 변형되어 모호해지지 않도록 주의해야 합니다.

* 파타고니아 로고

자연과의 연결
유기적 형태는 자연의 요소들과 깊은 연결을 상징합니다. 예를 들어, 식물이 자라나는 형태를 모티브로 사용해 성장과 반영을 표현하거나, 자연 소재를 활용해 환경 보호의 메시지를 강조할 수 있습니다.

편-안-

편안함과 안정감
부드러운 선과 곡선의 유기적 형태는 편안함과 안정감을 줍니다. 예를 들어, 인테리어 디자인에서 유기적 형태의 가구는 사용자에게 안락함과 안정감을 제공하며, 공간에 부드러움과 따뜻한 느낌을 더해 줍니다.

* Fritz hansen egg chair

형태 대비

사.랑.해.

에-

기하학적 형과 유기적 형은 서로 다른 느낌을 주기 때문에 디자인 요소 간의 시각적인 차이를 높여 디자인의 의도를 분명하게 전달할 수 있습니다. 기하학적 형은 전달력을 높여주고, 유기적 형은 부드럽고 자연스러운 느낌을 줍니다.

사랑해~

두 형태를 함께 사용하면 기하학적 형의 딱딱함과 유기적 형의 부족한 전달력을 보완할 수 있습니다. 두 형태를 적절히 조합하면 더욱 효과적인 디자인을 만들어 낼 수 있습니다.

유기적 형태로 느낌을 표현하고, 기하학적 형태의 프레임에 담으면 메시지의 전달력을 높일 수 있습니다.

저는 주로 로고 디자인을 할 때 형태 대비를 사용합니다.

유기적 형태

↓

유기적+기하학적 형태

유기적 형태로 표현한 사람, 동물, 음식의 느낌을 기하학적 형태의 프레임에 넣어주는 것만으로 전달력이 더 높아지는 것을 볼 수 있습니다.

이번 단에서 배운 디자인 이론 문제를 풀어봅시다.

1 다음 중 '형태'가 아닌 것을 고르세요.

| (A) | (B) | (C) |

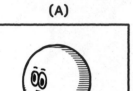 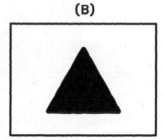 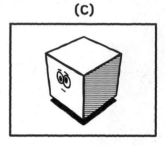

2 다음 중 '기하학적 형태'가 아닌 것을 고르세요.

| (A) | (B) | (C) |

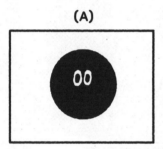 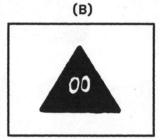 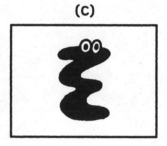

3 다음 중 가장 '기하학적 형태'에 가까운 꽃을 고르세요.

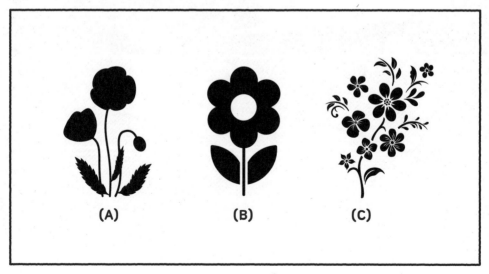

(A)　　　　　　(B)　　　　　　(C)

4 기하학적 디자인의 특징으로 부적절한 것을 고르세요.

(A)   (B)   (C)

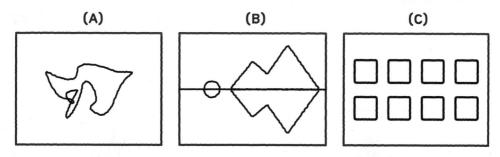

5 다음 중 '유기적 형태'의 특성을 가지지 않은 의자를 고르세요.

(A)   (B)   (C)

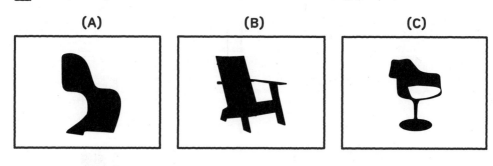

6 다음 중 '성장'이라는 메시지와 적합하지 않은 이미지를 고르세요.

(A)   (B)   (C)

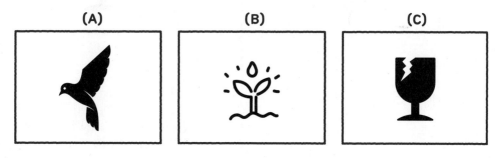

7 다음 중 '유기적 형태'와 '기하학적 형태'가 모두 적용된 디자인을 고르세요.

(A)   (B)   (C)

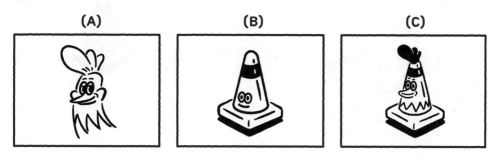

1 정답: (B)

(A), (C)는 입체감이 있는 '형태'이고, (B)는 외형만 있는 2차원의 '형'입니다.

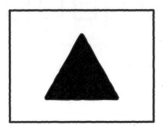

2 정답: (C)

(A)와 (B)는 기하학적 형태의 도형, (C)는 불규칙한 곡선을 가진 유기적 형태입니다.

3 정답: (B)

대칭 구조와 계산할 수 있는 곡선으로 (B)가 기하학적 형태와 가장 가깝습니다.

4 정답: (A)

(A)는 불규칙성으로 유기적 형태의 특성입니다. (B)는 대칭성, (C)는 반복성으로 기하학적 형태의 특성을 가지고 있습니다.

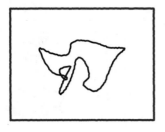

5 정답: (B)

(B)는 기하학적 형태의 의자로 딱딱한 느낌을 전달합니다.

6 정답: (C)

(C)는 기하학적 형태의 파손 주의 표시로 경고 메시지에 더 적합합니다.

7 정답: (C)

(A)는 유기적 형태의 닭, (B)는 기하학적 형태의 주차콘, (C)는 (A)와 (B) 두 형태가 모두 적용되었습니다.

반복과 변화 감각 키우기

반복과 변화는 디자인에서 시각적 통일감과 강조를 만드는 데 중요한 역할을 합니다. 이는 **폰 레스토프 효과(Von Restorff Effect)**, 즉 유사한 요소들 사이에서 하나의 다른 요소가 돋보이는 현상을 기반으로 합니다. 디자인 요소들을 크기, 색상, 간격 등에서 일관성 있게 반복할 때, 이들은 하나의 그룹이나 덩어리로 인식됩니다. 이러한 반복은 시각적 안정감과 일관성을 제공하며, 디자인의 기본 구조를 형성합니다.

반면, 이러한 반복된 패턴 속에서 일부 요소에 크기, 색상, 위치의 변화를 주면 이 요소들은 즉시 눈에 띄게 됩니다. 이는 관람자의 주의를 자연스럽게 그 부분으로 이끌어 디자인의 주요 메시지나 주제를 강조하는 효과적인 방법입니다. 그러나 너무 많은 변화를 주게 되면 관람자의 주의가 분산되어 디자인의 전달력이 약해질 수 있으니 주의해야 합니다.

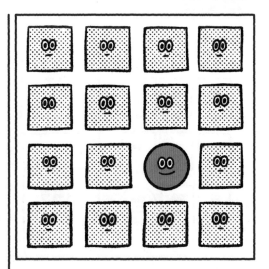

이번 학습에서는 여러 요소를 반복하여 시각적으로 하나의 그룹으로 인식되게 하고, 변화를 통해 특정 주제를 강조하는 방법을 연습합니다. 이를 통해, 디자인에서 효과적으로 주의를 유도하고 중요한 메시지를 부각시키는 방법을 배울 수 있습니다. 반복과 변화를 적절히 조화롭게 사용함으로써 더욱 풍부하고 의미 있는 디자인을 창조할 수 있습니다.

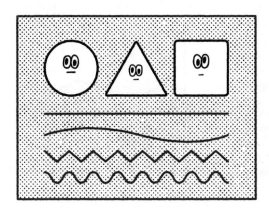

진행 방법

학습지 프레임 안에 원, 삼각형, 사각형을 이용해 반복과 변화를 표현합니다. 직선과 곡선을 사용할 수 있습니다. 창의력을 발휘해 다양한 조합의 구도를 그려보세요!

디자인 요소가 많아질수록 어렵습니다.
처음에는 단순하게 그리는 연습을 해보세요!

아이디어가 떠오르지 않는다면 예시를 따라해 보세요!

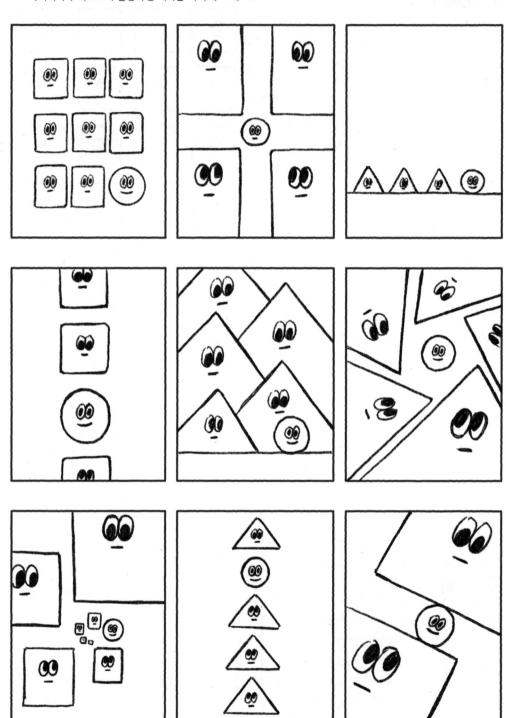

직접 해보기

연필이나 색연필로 직접 이론을 그려보세요.
다른 사람에게 보여주고 이해시킬 수 있으면 성공입니다!

1 기하학적 형태가 주제인 사진

기하학적 형태의 요소로만 이루어진 주제를 찍어보세요. 정면에서 찍거나 수직, 수평을 맞추면 기하학적 형태의 딱딱하지만, 전달력이 강한 특성이 더욱 강조됩니다. 조금 기울이게 찍었다면 편집 기능을 이용해 수평을 맞춰보세요. 사각형, 삼각형, 직선 요소가 많이 들어간 건축물이나 제품을 찍어 안정감과 명확함을 직접 느껴보세요.

2 형태 대비를 이용해 주제를 강조한 사진

기하학적 형태와 유기적 형태를 이용해 주제를 강조하는 사진을 찍어보세요. 이때 대상의 비율이 비슷하면 대비 효과가 약해집니다. 주제로 하는 대상의 비율을 적절히 설정해 보세요. 자연 풍경에서 인공물을 찍거나, 도심에서 자연물을 주제로 찍어보면 좋습니다.

MOVEMENT

디자인 구구단 7단 : 움직임

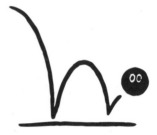

디자인에서는 주제에 **움직임**을 더해 '**주목도**'를 끌어낼 수 있습니다. 또한, 움직임은 디자인에 생동감을 불어넣어 주기도 합니다. 7단에서는 움직임을 만드는 요소인 **동세**에 대해 알아보고, 여러 표현 방법에 대해 학습합니다.

움직임은 고대 환경에서 생존에 중요한 요소였습니다. 사냥감을 찾거나 포식자로부터 도망치기 위해서는 빠르게 움직임을 감지하고 반응하는 능력이 필요했습니다.

이로 인해 우리의 뇌는 움직이는 것에 특히 민감하게 반응하도록 발전했습니다.

사회적 상호작용

움직임은 사회적 신호를 해석하는 데 중요한 요소입니다. 인간은 얼굴 표정, 제스처, 몸짓 등을 통해 서로 의사소통합니다. 이러한 움직임을 감지하고 해석하는 능력은 사회적 관계 형성과 유지에 중요한 역할을 합니다.

광고, 웹사이트 디자인, 영화 제작 등에서 움직임을 활용하는 것은 사람들의 주의를 끌고, 정보를 전달하며, 감정적 반응을 유발하는 효과적인 방법입니다.

움직임이 있는 디자인은 뇌가 자동으로 주의를 기울이게 만들며, 디자인이 의도한 메시지를 더욱 효과적으로 전달할 수 있게 합니다.

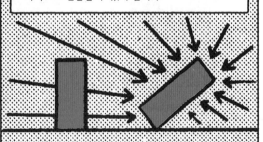

먼저, 멈춰있는 이미지에서 움직임을 느끼게 만드는 동세에 대해 알아보죠!

나 멋지냐?

동세의 사전적 의미는 그림이나 조각에서 나타나는 운동감을 뜻합니다.

이 이미지를 보면 어떤 느낌이 드나요?

깍!

사물이 공중에 떠 있는 듯한 이미지는 관찰자에게 낙하할 것이라 예상하게 만듭니다.

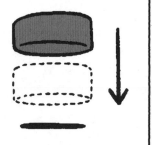

이는 관찰자가 '중력'에 대한 관념을 가지고 있기 때문입니다. 관찰자가 가지고 있는 관념을 이용해 움직임을 느끼도록 하는 것이 동세의 기본 원리입니다.

관념

역동적인 자세의 인물 그림에서 동세가 느껴지는 이유는 관찰자가 대상의 움직임에 관한 이미지를 기억하기 때문입니다.

멈춰있는 사진이지만 동세가 느껴집니다.
'자전거 타는 사람의 움직임'이 관념으로 무의식 속에 남아 있기 때문입니다.

공은 멈춰있지만, 공을 던지는 선수의 움직임과 공중에 떠 있는 모습이 동세를 만들어 냅니다.

멈춰있는 관중들보다 움직이는 선수와 공의 주목도가 더 높은 것을 볼 수 있습니다.

움직임을 인지하는 뇌의 기능은 무의식적인 것으로, 의식으로 막기 어렵죠.

디자인에서는 동세를 어떻게 사용하나요?

선의 방향과 형태

곡선이나 대각선과 같은 동적인 선의 사용은 움직임의 느낌을 줄 수 있습니다. 선의 흐름과 방향은 시각적으로 동작을 암시하며, 관찰자의 눈이 이미지 내 특정 경로를 따라 움직이게 만듭니다.

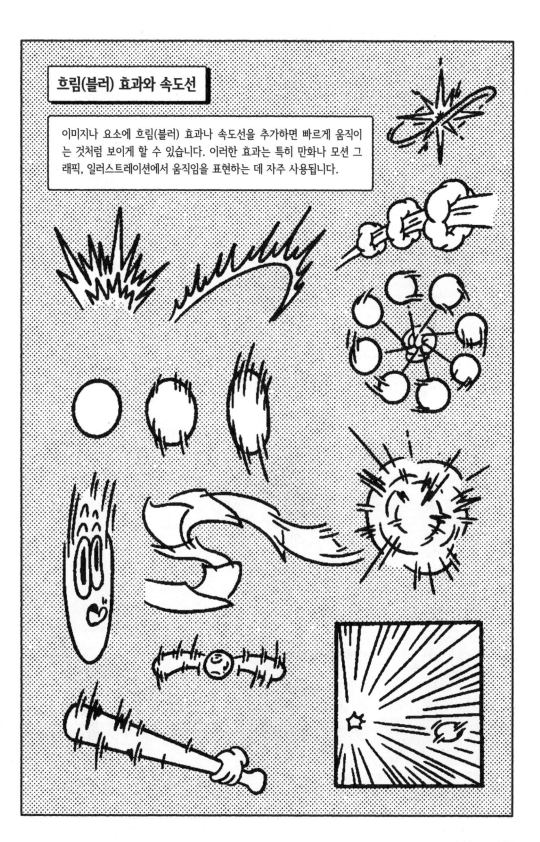

흐림(블러) 효과와 속도선

이미지나 요소에 흐림(블러) 효과나 속도선을 추가하면 빠르게 움직이는 것처럼 보이게 할 수 있습니다. 이러한 효과는 특히 만화나 모션 그래픽, 일러스트레이션에서 움직임을 표현하는 데 자주 사용됩니다.

포즈와 자세

인물이나 동물을 표현할 때 동적인 포즈나 자세를 사용하면 움직임의 순간을 포착할 수 있습니다. 이는 관찰자에게 특정 동작이나 행동을 상상하게 만들며 디자인에 생동감을 부여합니다.

인터랙티브 요소

웹사이트나 앱 디자인에서는 사용자의 상호작용에 반응하여 변화하는 요소를 통해 움직임을 구현할 수 있습니다. 스크롤, 호버, 클릭 등의 동작이 시각적 변화를 일으키며, 이는 사용자 경험에 동적 요소를 추가합니다.

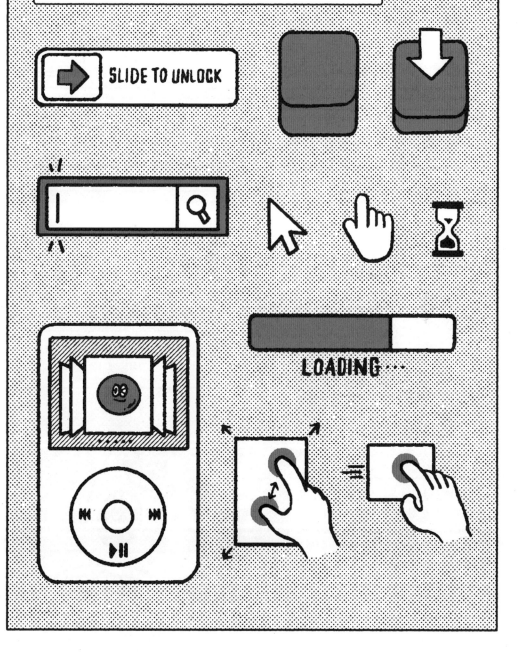

시퀀스와 스토리보딩

여러 이미지나 프레임을 순차적으로 배열하여 시간에 따른 움직임을 표현할 수 있습니다. 이 방법은 애니메이션, 웹툰, 인터랙티브 디자인에서 특히 유용합니다.

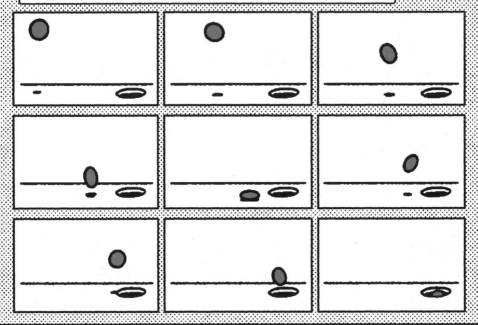

위 프레임들을 일정한 속도로 빠르게 재생하면 움직이는 것처럼 느껴집니다.

이는 빠른 순간에 눈이 인지한 영상이 일정 시간 동안 잔상으로 남아 있어서 눈에 보이는 영상이 끊김이 없이 연속적으로 보이게 하는 원리입니다. 이를 이용하여 애니메이션에서는 일정한 시간 간격으로 이미지들을 연속적으로 보여줌으로써 움직임을 만들어 냅니다.

타이포그래피와 효과

텍스트에 움직임을 더하면 단어의 의미를
더 직관적으로 전달할 수 있습니다.

CUT

WAVE

WAVES
WAVES
WAVES
WAVES

FAST

TWIST
TWIST
TWIST

PULL
PULL

캐릭터의 동세

자연스러운 동세를 더하면 움직임뿐 아니라 작업물의 완성도를 높일 수 있습니다. 저는 브랜딩에 사용하는 캐릭터를 디자인할 때 동세를 가장 많이 연구합니다.

  →

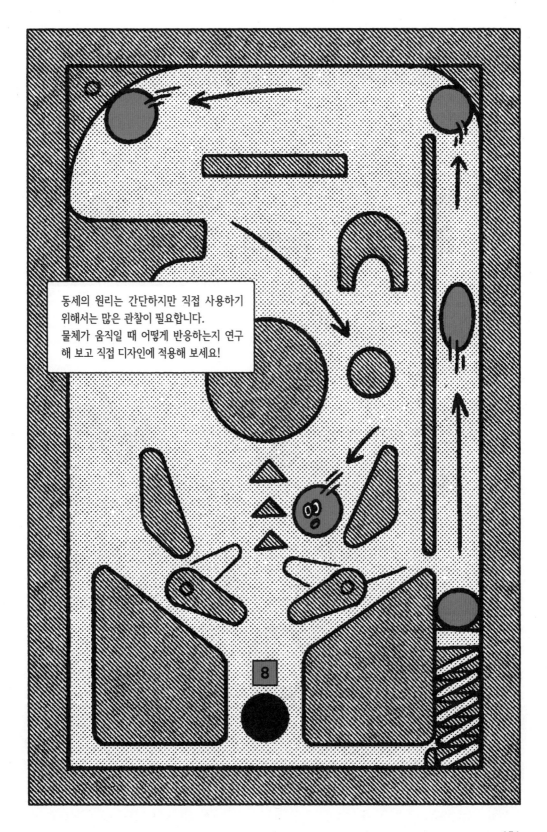

동세의 원리는 간단하지만 직접 사용하기 위해서는 많은 관찰이 필요합니다.
물체가 움직일 때 어떻게 반응하는지 연구해 보고 직접 디자인에 적용해 보세요!

이번 단에서 배운 디자인 이론 문제를 풀어봅시다.

1 다음 중 '동세'가 느껴지는 이미지를 고르세요.

(A)　　　　　　　　　(B)　　　　　　　　　(C)

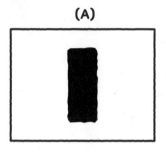　　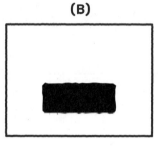　　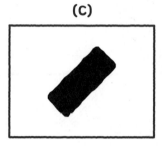

2 다음 중 '사회적 신호'가 담긴 이미지를 고르세요.

(A)　　　　　　　　　(B)　　　　　　　　　(C)

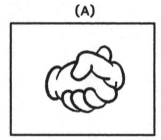　　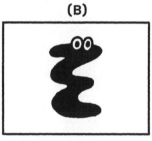　　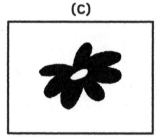

3 다음 중 동세가 가장 강한 공을 고르세요.

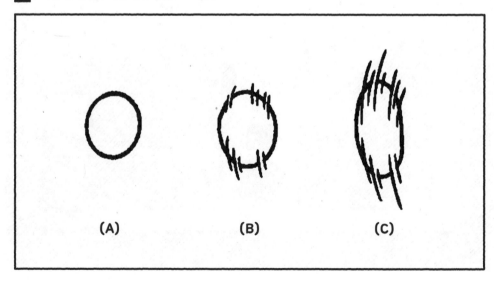

(A)　　　　　　　　　(B)　　　　　　　　　(C)

4 다음 중 동세가 느껴지지 않는 이미지를 고르세요.

(A) 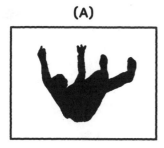   (B) 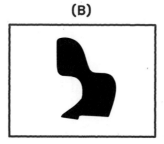   (C)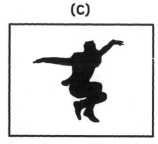

5 다음 중 동세가 느껴지는 아이콘을 고르세요.

(A)    (B)    (C)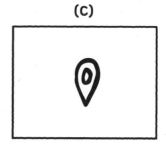

6 다음 중 동세가 적용되지 않은 텍스트를 고르세요.

(A)    (B)    (C)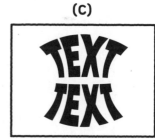

7 다음 중 동세가 가장 잘 느껴지는 캐릭터를 고르세요.

(A)    (B)    (C)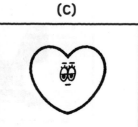

1 정답: (C)

기울어진 형태의 직육면체는 쓰러지는 기둥을 연상시켜 움직임이 느껴집니다.

2 정답: (A)

악수하는 제스처로 존중과 환영이라는 사회적 신호를 가지고 있습니다.

3 정답: (C)

(C)의 속도선이 가장 길어 빠르게 보이고 동세가 가장 강합니다.

4 정답: (B)

(A)는 떨어지는 사람, (C)는 뛰는 사람으로 동세가 느껴집니다. (B)는 고정되어 있는 의자로 동세가 느껴지지 않습니다.

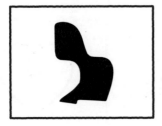

5 정답: (B)

(B)는 모래시계의 형태로 모래가 아래로 떨어지는 모습에서 동세가 느껴집니다.

6 정답: (A)

(B)는 물결 효과, (C)는 쥐어짜는 효과로 동세가 느껴집니다.

7 정답: (B)

(B)는 생명체인 문어이고, 다리의 움직임과 그림자 표현으로 동세가 가장 크게 느껴집니다.

움직임 감각 키우기

디자인에서 움직임의 표현은 관람자의 주의를 집중시키고 메시지 전달에 중요한 역할을 합니다. 인간의 뇌는 본능적으로 움직이는 대상에 더 많은 주의를 기울이도록 진화했습니다. 이 원리를 디자인에 적용하면 정지된 배경 속에서 움직임을 시사하는 요소를 통해 강력한 대비 효과와 주목도를 생성할 수 있습니다.

실제로 멈춰있는 이미지는 움직이지 않지만, 동세를 이용한 움직임의 표현 방법을 통해 마치 움직이는 것처럼 보이게 할 수 있습니다. 예를 들어, 물체의 방향성을 나타내는 선, 속도감을 주는 모양, 움직임의 궤적을 시사하는 디자인 요소들은 모두 움직임을 연상시키는 효과를 만들어 냅니다. 이러한 움직임의 표현은 이미지에 생동감을 부여하고, 시각적으로 활발한 인상을 줍니다.

이번 학습에서는 물체의 위치, 형태, 그리고 선을 이용해 움직임을 표현하는 연습을 합니다. 이를 통해 여러분은 디자인에 에너지와 동적인 느낌을 불어넣고 시각적으로 흥미로운 구성을 만들어 낼 수 있게 됩니다. 움직임의 표현을 통해 디자인이 전달하는 메시지를 강화하고, 보는 이의 시선을 자연스럽게 이끌 방법을 탐구해 보세요.

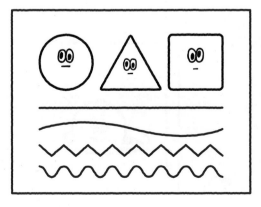

진행 방법

학습지 프레임 안에 원, 삼각형, 사각형을 이용해 움직임을 표현합니다. 직선과 곡선을 사용할 수 있습니다. 창의력을 발휘해 다양한 조합의 구도를 그려보세요!

 디자인 요소가 많아질수록 어렵습니다.
처음에는 단순하게 그리는 연습을 해보세요!

아이디어가 떠오르지 않는다면 예시를 따라해 보세요!

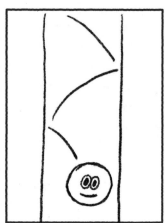

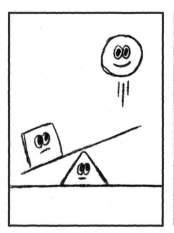
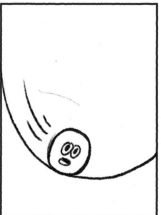

직접 해보기

연필이나 색연필로 직접 이론을 그려보세요.
다른 사람에게 보여주고 이해시킬 수 있으면 성공입니다!

1 동세가 느껴지는 사진

역동적인 자세의 인물, 중력의 영향을 받아 떨어질 것 같은 물체, 하늘로 날아가는 풍선, 바람에 펄럭이는 깃발 등 관찰자가 동세를 느낄 수 있는 요소들을 찾아 주제로 찍어보세요. 동세는 역동적인 자세일수록 움직임이 더 크게 느껴져 주목도가 강합니다. 하지만 꼭 강한 주목도가 모두 좋은 것은 아닙니다.

2 정적인 느낌의 사진

움직임이 느껴지지 않는 정적인 대상을 주제로 사진을 찍어보세요. 동세가 느껴지는 디자인이 꼭 좋은 디자인은 아닙니다. 전달하고자 하는 목적에 따라 표현하는 방법을 다르게 써야 합니다. 정적인 사진을 찍고 어떤 느낌이 전달되는지 알아보세요.

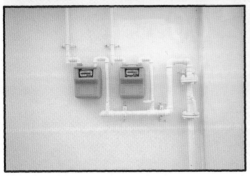

RHYTHM

디자인 구구단 8단 : 율동

율동은 동세와 조금 다른 개념입니다. 디자인에서 율동은 **반복적인 운동감**을 말합니다. 디자인 요소들의 크기, 형태, 색채, 구성 등의 반복으로 질서를 만들어 동적 변화를 느끼도록 합니다. 8단에서는 율동감에 대한 개념과 종류에 대해 알아봅니다.

율동은 음악과 비교해 보면
더 이해하기 쉽습니다.

음악에서 리듬은 여러 음표와 쉼표가 결
합하여 만들어 내는 시간적 패턴입니다.

리듬은 음악에 흐름과 생동감을 부여하며, 장르에 따라 다양한
리듬을 사용하여 여러 감정을 느끼도록 만들 수 있습니다.

디자인도 마찬가지로 율동감이 있어야
더 흥미롭고 더 매력적으로 느껴집니다.

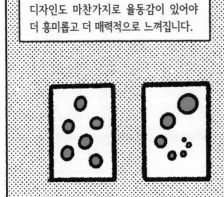

우선 율동은 크게 정적인 율동과 동적인
율동으로 나누어 볼 수 있습니다.

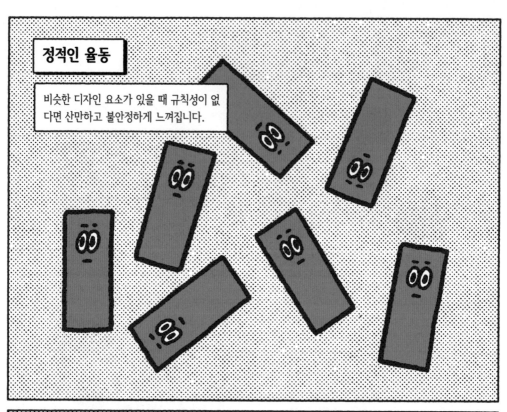

정적인 율동

비슷한 디자인 요소가 있을 때 규칙성이 없다면 산만하고 불안정하게 느껴집니다.

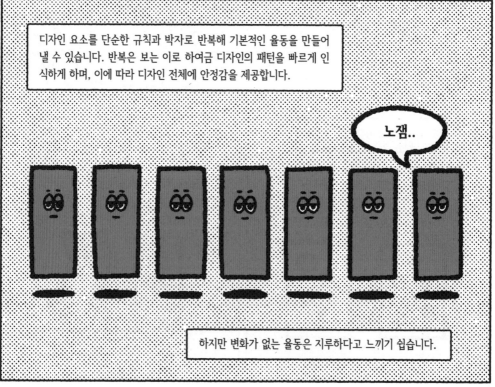

디자인 요소를 단순한 규칙과 박자로 반복해 기본적인 율동을 만들어 낼 수 있습니다. 반복은 보는 이로 하여금 디자인의 패턴을 빠르게 인식하게 하며, 이에 따라 디자인 전체에 안정감을 제공합니다.

노잼..

하지만 변화가 없는 율동은 지루하다고 느끼기 쉽습니다.

동적인 율동

동적인 율동은 통일된 반복 안에서 위치, 크기, 색의 변화로 흥미와 시각적 긴장감을 높이는 방법입니다. 완전한 통일성은 지루함을 유발할 수 있습니다. 색상 변화나 크기 차이를 더해 주면 시각적 하이라이트를 만들고 전체적인 디자인의 매력을 증가시킬 수 있습니다.

하지만 너무 큰 변화는 통일성을 깨고 산만하게 느껴질 수 있어 전체적인 율동감이 깨지지 않도록 주의해야 합니다.

율동감을 만드는 요소

율동감을 만드는 가장 기본적인 요소는 방향성과 반복입니다. 요소들의 위치, 크기, 투명도, 색, 형태의 변화에 규칙성을 부여하면 율동감을 만들 수 있습니다. 요소의 개수가 많을수록 규칙성을 만들기 쉬워집니다. 율동감을 느낄 수 있는 다양한 예시를 살펴봅시다.

규칙성을 부여할 수 있다면 대부분 율동감을 만들 수 있습니다.

크기

색

형태

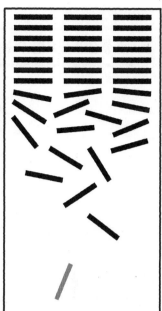

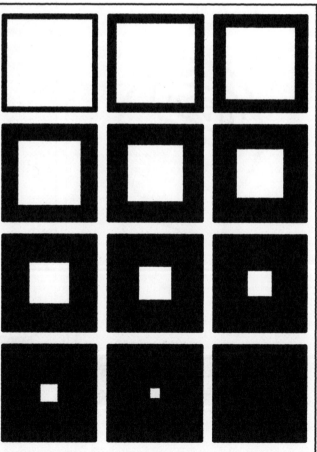

율동감이 필요한 이유

느낌은 알겠는데 어려워요….
율동감은 왜 필요한가요?

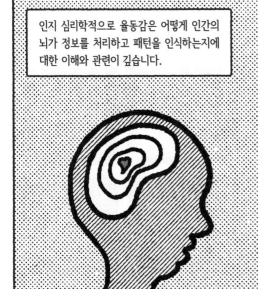

인지 심리학적으로 율동감은 어떻게 인간의 뇌가 정보를 처리하고 패턴을 인식하는지에 대한 이해와 관련이 깊습니다.

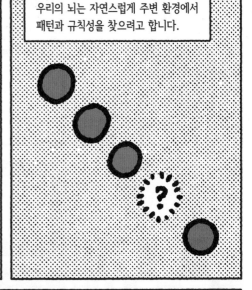

우리의 뇌는 자연스럽게 주변 환경에서 패턴과 규칙성을 찾으려고 합니다.

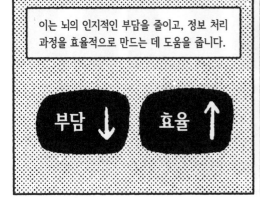

이는 뇌의 인지적인 부담을 줄이고, 정보 처리 과정을 효율적으로 만드는 데 도움을 줍니다.

부담 ↓   효율 ↑

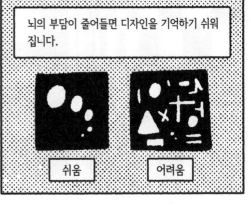

뇌의 부담이 줄어들면 디자인을 기억하기 쉬워집니다.

쉬움   어려움

동세와 율동감을 함께 이용한 디자인

동세와 율동감을 함께 이용하면 주제를 강조하고 리드미컬한 디자인을 만들 수 있습니다.
또, 율동감을 이용해 관찰자의 시선을 유도할 수 있습니다.

콘을 쓰고 있는 사람들에게서 동세가 느껴지고
주식 차트의 봉을 통해 율동감이 느껴집니다.

규칙성으로 율동감이 만들어졌고, 춤추는 동작으로 동세가 느껴집니다.

ONE MORE SQUEEZE

정적인/동적인 율동감 사진

창문의 반복으로 율동감이 느껴지지만, 변화가 크지 않아 정적으로 느껴집니다.

반복되는 요소들이 원근법에 의한 크기 변화로 동적인 율동을 만들어 냅니다.

규칙이나 박자가 불규칙적일수록 율동의 안정감이 떨어집니다.

방향성은 있으나 요소들이 겹치면서 하나의 덩어리로 인식되어 율동감이 느껴지지 않습니다.

동세와 율동감이 함께 느껴지는 사진

일정한 간격으로 달리는 아이들에게 율동감과 동세가 생겨 역동감이 느껴집니다.

자전거 타는 선수가 일정한 간격으로 위치해 율동감과 움직임이 느껴집니다.

화면 중앙에 주제를 배치하고 횡단보도 선의 율동감을 통해 시선을 주제로 유도합니다.

걷는 모습의 캐릭터를 반복해 움직임이 느껴지도록 유도합니다.

이번 단에서 배운 디자인 이론 문제를 풀어봅시다.

1 다음 중 '율동감'이 느껴지는 이미지를 고르세요.

(A) (B) (C)

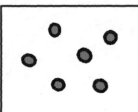 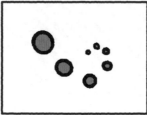 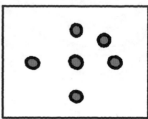

2 다음 중 정적인 율동감이 느껴지는 이미지를 고르세요.

(A) (B) (C)

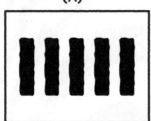  

3 다음 중 규칙성이 없는 이미지를 고르세요.

(A)

(B)

(C)

4 다음 중 불안정한 이미지를 고르세요.

(A) 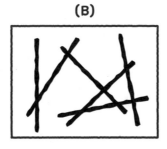 (B) (C)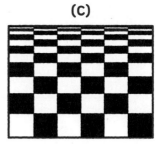

5 다음 중 율동감이 가장 적은 이미지를 고르세요.

(A) 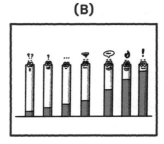 (B) (C)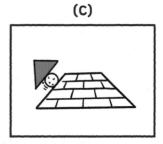

6 다음 중 율동감이 느껴지지 않는 이미지를 고르세요.

(A)  (B) (C)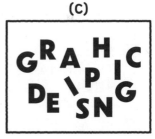

7 다음 중 동세와 율동감이 모두 느껴지는 이미지를 고르세요.

(A) 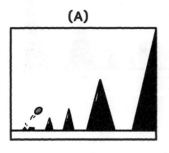 (B) 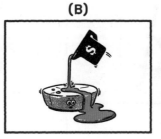 (C)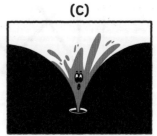

1 정답: (B)

(B)는 원이 나선형의 방향으로 점점 작아져 율동감이 느껴집니다.

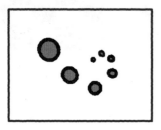

2 정답: (A)

요소들이 반복되지만, 변화가 없기 때문에 정적인 율동감입니다.

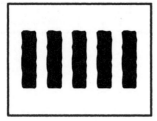

3 정답: (C)

(C)는 규칙성이 없어 율동감이 느껴지지 않습니다.

4 정답: (B)

(B)는 무작위로 놓여 있는 선으로 율동감이 느껴지지 않습니다.

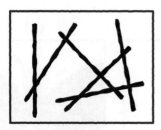

5 정답: (C)

(C)는 율동감보다는 동세가 더 크게 느껴집니다.

6 정답: (C)

(C)는 글자의 율동감이 없어 가독성이 떨어집니다.

7 정답: (A)

(A)는 반복되는 삼각형과 뛰고 있는 듯한 원의 모양으로 인해 동세와 율동감이 느껴집니다.

방향성 감각 키우기

디자인에서 방향성은 시각적 요소들이 가리키는 특정한 방향을 의미하며, 사용자의 시선을 유도하는 데 매우 중요한 역할을 합니다. 방향성은 선의 방향, 글꼴의 흐름, 그리드의 배열, 화살표, 캐릭터의 시선 등 다양한 형태로 나타날 수 있습니다. 이러한 요소들은 사용자가 디자인을 볼 때 어디로 시선을 이동해야 하는지를 명확하게 지시해 줍니다.

명확한 방향성을 가진 디자인은 사용자에게 직관적으로 이해되며, 메시지 전달이 효과적입니다. 예를 들어, 디자인의 모든 요소가 한 방향을 향하고 있을 때 다른 방향으로 향하는 한 요소는 즉각적인 주목을 받게 됩니다. 이러한 방향 대비는 주제에 강력한 힘을 부여하며, 시각적 관심을 집중시킵니다.

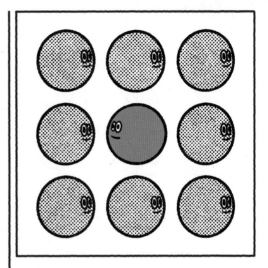

이번 학습에서는 방향 대비를 이용해 주제를 강조하는 연습을 진행합니다. 여러분은 방향성을 조절하여 시선 유도의 기술을 익히고, 주제에 대한 시각적 강조를 만들어 내는 방법을 배울 수 있습니다. 예를 들어, 주요 요소를 다른 방향으로 설정함으로써 대비를 만들거나, 시선이 자연스럽게 주요 메시지로 이동하도록 유도하는 방법들을 탐구해 보세요. 이러한 방향성의 활용은 디자인의 명확성과 효과를 극대화하는 데 중요한 역할을 합니다.

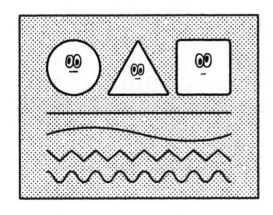

진행 방법

학습지 프레임 안에 원, 삼각형, 사각형을 이용해 방향성을 표현합니다. 직선과 곡선을 사용할 수 있습니다. 창의력을 발휘해 다양한 조합의 구도를 그려보세요!

 디자인 요소가 많아질수록 어렵습니다.
처음에는 단순하게 그리는 연습을 해보세요!

아이디어가 떠오르지 않는다면 예시를 따라해 보세요!

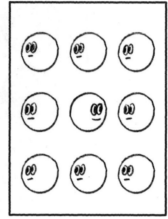
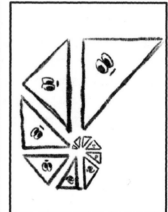

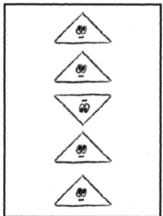

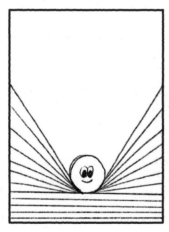
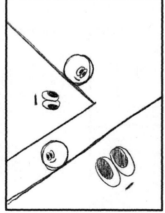
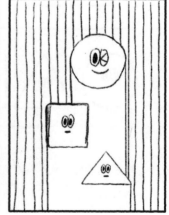

직접 해보기

연필이나 색연필로 직접 이론을 그려보세요.
다른 사람에게 보여주고 이해시킬 수 있으면 성공입니다!

1 율동감이 느껴지는 사진

반복되는 요소들을 찾거나 연출을 통해 율동감이 느껴지도록 사진을 찍어보세요. 율동감을 만드는 데에는 방향성, 반복, 질서가 필요합니다. 반복되는 개체의 갯수가 많을수록 만들기 쉬워집니다. 또, 정적인 반복 안에서도 약간의 변화가 있다면 지루함을 깨줄 수 있습니다. 사진을 찍어보고 느낀 점과 율동감을 만들기 위해 어떤 요소를 사용했는지 설명해 보세요.

2 동세와 율동감이 함께 느껴지는 사진

동세와 율동감이 함께 느껴지는 사진을 찍어보세요. 동세는 움직이는 대상을 찍는 것이기 때문에 원하는 장면을 찍기 위해서는 노력이 필요합니다. 스냅 사진이나 스포츠 포토그래퍼의 어려운 점이기도 합니다. 하지만 원하는 장면을 담아냈을 때 그만큼 뿌듯함도 있습니다. 동세와 율동이 어떤 식으로 적용되었는지 느낀 점과 함께 써 보세요.

179

TYPEFACE

디자인 구구단 9단 : 서체

디자인에서 서체는 이미지의 분위기와 느낌을 결정짓는 중요한 역할을 합니다.

서체만 전문적으로 디자인하거나 연구하는 분들이 있을 정도로 다양하고 역사가 깊은 디자인 요소입니다.

서체의 종류는 너무나 많기 때문에 9단에서는 서체의 속성과 대표적으로 가장 많이 사용하는 서체들의 종류에 대해 알아보겠습니다.

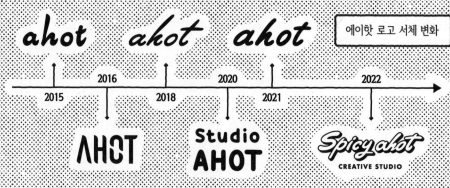

에이핫 로고 서체 변화

서체와 폰트

서체는 비슷한 느낌을 주는 글자 모양의 집합으로, '~체'라고 구분합니다. 영문 서체는 세리프, 산세리프, 스크립트 등이 있습니다. 한글 서체에는 굴림체, 궁서체, 돋움체, 고딕체, 바탕체 등이 있습니다.

폰트는 서체를 사용하여 인쇄하거나 디지털로 표시할 때 사용되는 글꼴 파일입니다. 이는 텍스트가 실제로 표시될 때 사용되는 파일로, 서체와 글자 크기, 두께, 기울기, 자간 등의 속성을 포함합니다.

TYPEFACE   FONT

따라서 서체는 글자의 디자인을 말하는 것이고, 폰트는 그 서체를 특정한 크기나 굵기로 출력할 수 있게 만든 디지털 파일입니다.

디자인에서 대표적으로 가장 많이 사용하는 서체는 세리프와 산세리프가 있습니다. 한글에서는 세리프를 명조체, 산세리프를 고딕체로 구분하기도 합니다.

서체 TYPEFACE	Serif 명조체	San-serif 고딕체	Script 손글씨체
폰트 FONT	New Kansas Mrs Eaves New Spirit 산돌 명조체 나눔 명조체 애플 명조체 ⋮	BEBAS Helvetica Dunbar 산돌 고딕체 나눔 고딕체 애플 고딕체 ⋮	Cortado Mr Stalwart Sarina 어비 웅디체 나눔손글씨 펜 210 오늘은 ⋮

세리프 Serif

세리프는 글자 끝에 작은 뾰족한 장식을 하고 있으며, 이러한 뾰족한 부분이 세리프입니다. 세리프는 고전적이고 전통적인 느낌을 주며, 책과 같은 긴 문서에 적합합니다. 글자 간 간격이 좁아서 읽기가 편하며, 글자의 흐름을 유지해 주는 역할을 합니다.

세리프

세리프

명조

안 넘어지는 방법을 알 방법

안 넘어지는 방법을 알 방법은 넘어지는 것이다.
스케이트보드를 타고 여러 번 넘어지다 보면 넘어지지 않는 방법을 터득하게 된다.
다시 일어나 달리면 실패는 실패가 아니라 성장의 과정이 된다.
하지만 넘어지는 순간 포기한다면 그때 진짜 실패가 된다.
우리는 어떤 일에 도전했을 때 성공을 하거나 실패한다.
실패는 상처를 주지만 성공을 배우는 가장 빠른 방법이다.

산세리프 San-Serif

산세리프는 세리프가 없는 평면적인 글자체입니다. 산세리프는 현대적이고 깔끔한 느낌을 주며, 웹사이트와 같은 디지털 매체에 적합합니다. 선이 굵고 글씨가 크게 작성되어 있어서 웹사이트나 모바일 화면에서도 잘 보이며, 글자의 가독성이 높습니다.

산세리프

고딕

타이포그래피 계층 구조

타이포그래피는 기본적으로 제목, 소제목, 본문으로 나누어져 있습니다.
세 가지 계층 구조가 없다면 가독성과 정보 전달의 효율이 떨어지게 됩니다.
타이포그래피에서 계층 구조를 만들고 가독성을 높이는 방법을 알아봅시다.

TYPEFACE

DESIGN THEORY

→ 제목

→ 소제목

Typefaces play a crucial role in determining the mood and feel of an image in design. Typeface is such a diverse and historically significant design element that there are professionals who specialize in designing or researching typefaces only. Given the vast array of typefaces, design theory typically focuses on learning about representative(major) type classifications such as serif and sans-serif, as well as the properties of typefaces.

→ 본문

제목 (Heading)

제목은 문서나 이미지의 가장 중요한 부분을 나타내므로 가장 크고 눈에 띄어야 합니다. 또, 문서의 주제를 명확하게 전달할 수 있도록 간결하고 힘 있게 디자인되어야 합니다. 글자의 크기, 두께, 기울기, 컬러 등을 이용해 제목을 강조할 수 있습니다.

소제목 (Subheading)

소제목은 제목과 본문 사이의 중간 계층을 형성하며, 내용을 세분화하는 역할을 합니다. 소제목은 제목보다는 작지만, 본문보다는 크게 설정하여 계층의 차이를 명확히 합니다. 이는 독자가 내용을 빠르게 스캔하며 중요한 부분을 쉽게 찾을 수 있도록 도와줍니다.

본문 (Body Text)

본문은 제목이나 소제목보다 작은 크기로 설정되며, 주로 내용 전달에 사용됩니다. 가독성을 최대화하기 위해 크기가 충분히 커야 하지만, 너무 커서 페이지를 압도하지는 않아야 합니다.

글자의 두께 ━ ━ ━ ━

글자의 두께에는 다양한 종류가 있습니다. 글자는 두께에 따라 Light, Regular, Bold로 구분되고, Thin, Black 등 더 얇고 굵은 두께를 가지고 있는 폰트도 있습니다.

Light

얇은 글자인 **Light**는 가늘고 부드러운 느낌을 주며, 일반적으로 작은 텍스트에 사용됩니다.

Regular

Regular는 가장 일반적으로 사용되는 글자 두께입니다. 보통은 평범한 본문 텍스트에 사용됩니다.

BOLD

두꺼운 글자인 **Bold**는 굵고 뚜렷한 느낌을 주며, 주로 큰 헤드라인이나 중요한 정보에 사용됩니다.

Thin

Light

Regular

Medium

SemiBold

Bold

Black

글자의 두께는 사용되는 상황에 따라 적절하게 조절하는 것이 좋습니다.

글자의 기울기

한국어는 대부분의 글자가 수직으로 배치되어 있어 기울기 사용이 별로 없습니다. 하지만 광고나 제목에서 특정한 단어나 문장을 강조할 때 손글씨체 등을 사용하여 글자를 기울이기도 합니다.

반면, 영어에서는 글자의 기울기를 자주 사용합니다. 일반적으로 이탤릭체를 사용하여 글자를 기울입니다. 이탤릭체는 기울기를 나타내는 가장 일반적인 방법입니다. 이탤릭체를 사용하여 특정한 단어나 문장을 강조하거나, 인용 구절이나 제목을 표시할 때 유용합니다.

글자의 크기

글자의 크기는 포인트(pt) 단위로 표시됩니다. 큰 글씨는 시선을 끌고 강조하는 효과를, 작은 글씨는 내용을 보충하는 역할을 합니다.

POINT ———————————————— 15pt

POINT ——————————— 30pt

POINT —————— 40pt

POINT ——— 60pt

글자의 자간

자간은 글자와 글자 중심축 사이의 간격으로 영어로는 Letter Spacing 혹은 Tracking이라고 하며, 중심축이 아닌 글자 속 공간 사이를 **커닝 Kerning**이라고 합니다. 한글에서는 주로 **자간**을, 알파벳에서는 **커닝**을 많이 사용합니다.

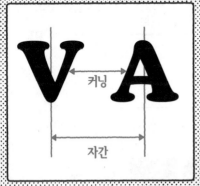

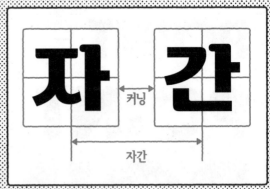

자간이 좁으면 이렇게 됩니다.
Narrow Tracking

자간이 적당하면 이렇게 됩니다.
Moderate Tracking

자간이 넓으면이렇게 됩니다.
Wide Tracking

글자의 행간

행간은 줄과 줄 사이의 간격으로 영어로는 Line Spacing 혹은 Leading이라고 합니다. 행간이 너무 좁으면 가독성이 떨어지며, 반대로 너무 넓으면 하나의 문단으로 인식되지 않아 산만하게 보일 수 있습니다.

Leading
- 베이스라인

행간

Leading
- 베이스라인

행갔이 좁으면 어렇게 됩디다.	**Narrow Leading**
행간이 적당하면 이렇게 됩니다.	**Moderate Leading**
행간이 넓으면 이렇게 됩니다.	**Wide Leading**

폰트를 변형해 만든 디자인

디자인에 사용되는 모든 서체를 직접 만들어 쓰기는 어렵습니다. 디자인의 의도에 맞는 서체를 선택하는 것이 가장 중요합니다. 이후 간격, 색, 크기, 형태 변형 등을 통해 주제를 더욱 강조할 수 있습니다.

EMPOWERING

People

안녕!

to

REALIZE

서체의 종류는 워낙 많기 때문에 평소
에 많이 보는 것이 좋습니다. 간판이나
제품을 볼 때 브랜드에 따라 어떤 서체
를 썼는지 잘 관찰해 보세요!

THIER

DREAMS *and*

IMAGINATION

이번 단에서 배운 디자인 이론 문제를 풀어봅시다.

1 다음 중 디자인에서 서체의 역할을 고르세요.

(A)	(B)	(C)
분위기	동세	공간감

2 다음 중 글자를 디지털로 쓰기 위해 만든 파일 형식을 고르세요.

(A)	(B)	(C)
이미지	폰트	서체

3 다음 중 세리프를 지칭하는 것이 아닌 위치를 고르세요.

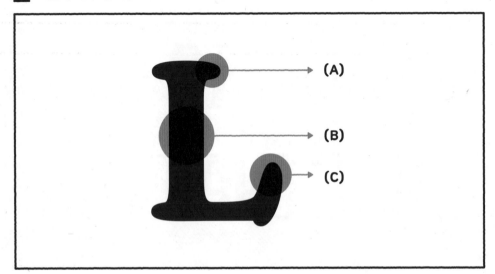

4 다음 중 산세리프 서체를 고르세요.

(A)

Design

(B)

Design

(C)

DESIGN

5 다음 중 시각적 위계가 적절한 것을 고르세요.

(A)

Design Gugudan
9 Basic design theory
The "Design Gugudan"
Course is specially prepared
for non-majors with no
prior knowledge of design

(B)

Design Gugudan

9 Basic design theory

The "Design Gugudan" Course is
specially prepared for non-majors with
no prior knowledge of design

(C)

Design Gugudan

9 Basic design theory

**The "Design Gugudan" Course is
specially prepared for
non-majors with no prior
knowledge of design**

6 다음 중 자간과 행간이 적절하게 사용된 디자인을 고르세요 .

(A)

디자인에서 서체는 이미지의
분위기와 느낌을 결정짓는
중요한 역할을 합니다.

(B)

디자인에서 서체는 이미지의

분위기와 느낌을 결정짓는

중요한 역할을 합니다.

(C)

디자인에서 서체는 이미지의
분위기와 느낌을 결정짓는
중요한 역할을 합니다.

7 다음 중 표지판에 적합한 서체를 고르세요.

(A)

갈아타는 곳

(B)

갈아타는 곳

(C)

갈아타는 곳

1 정답: (A)
디자인에서 서체는 이미지의 분위기와 느낌을 결정짓는 중요한 역할을 합니다.

분위기

2 정답: (B)
폰트는 컴퓨터나 디지털 기기에서 텍스트를 표시할 때 사용되는 파일입니다.

폰트

3 정답: (B)
(A)와 (C)처럼 글자 끝에 그려진 뾰족한 장식을 세리프라고 합니다.

4 정답: (C)
산세리프는 세리프가 없는 평면적인 글자로 (A)는 세리프, (B)는 스크립트, (C)는 산세리프 서체입니다.

DESIGN

5 정답: (B)
(B)는 제목, 소제목, 본문 순으로 우선순위에 따라 크기가 설정되어 있습니다.

Design Gugudan
9 Basic design theory
The " Design Gugudan" Course is specially prepared for non-majors with no prior knowledge of design

6 정답: (C)
자간과 행간이 너무 가깝거나 멀지 않은 (C)의 가독성이 가장 높습니다.

디자인에서 서체는 이미지의 분위기와 느낌을 결정짓는 중요한 역할을 합니다.

7 정답: (A)
표지판에는 글자의 가독성이 높은 산세리프 서체가 적합합니다. (A)는 서울시의 표지판에서 사용하는 서울남산체입니다.

갈아타는 곳

서체 감각 키우기

서체 감각을 키우는 것은 디자인에서 중요한 요소 중 하나입니다. 서체는 단순히 글자를 보여주는 것을 넘어 디자인의 전체적인 분위기를 설정하고 메시지의 감정적 색채를 부여합니다. 서체의 형태, 두께, 기울기 등은 각각 다른 특성과 느낌을 전달하며, 적절한 서체 선택은 의미의 전달력과 시각적 주의력에 큰 영향을 미칩니다.

예를 들어, 산세리프(San-serif) 서체는 깔끔하고 현대적인 느낌을 줍니다. 이러한 서체는 간결하고 명료한 메시지 전달에 적합하며, 주로 현대적인 디자인이나 디지털 미디어에서 많이 사용됩니다. 반면, 세리프(Serif) 서체는 전통적이고 신뢰감을 주는 느낌이 있으며, 공식적이거나 클래식한 디자인에 잘 어울립니다. 스크립트(Script) 서체는 손으로 쓴 듯한 개성과 우아함을 표현하며, 창의적이거나 개인적인 감정을 전달하는 데 적합합니다.

이번 학습에서는 자신의 이름 이니셜을 사용하여 산세리프, 세리프, 스크립트 서체를 직접 만들어보는 연습을 합니다. 이를 통해 각 서체의 특성을 이해하고, 다양한 스타일과 표현 방식에 익숙해질 수 있습니다. 또한, 서체의 형태, 두께, 기울기를 조절함으로써 서체가 전달하는 느낌과 메시지의 변화를 경험하게 됩니다. 이러한 실습은 서체를 더욱 효과적으로 활용하고, 디자인에서 서체의 역할을 깊이 이해하는 데 도움이 될 것입니다.

진행 방법

학습지 프레임 안에 자신의 이니셜을 산세리프, 세리프, 스크립트 서체로 표현합니다. 본인에게 가장 잘 어울리는 서체가 어떤 것인지 알아보세요!

아이디어가 떠오르지 않는다면 예시를 따라해 보세요!

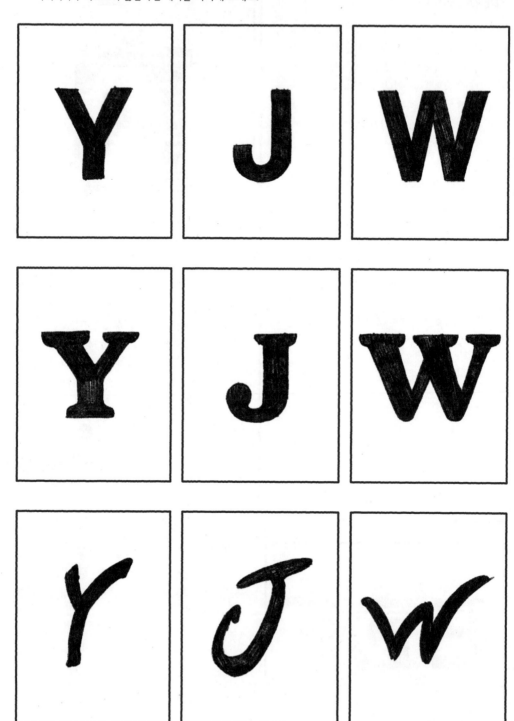

직접 해보기

연필이나 색연필로 직접 이론을 그려보세요.
다른 사람에게 보여주고 이해시킬 수 있으면 성공입니다!

1 세리프 서체가 주제인 사진

일상에서 쉽게 볼 수 있는 간판과 같은 광고물에서 세리프 서체를 찾고 사진을 찍어보세요. 세리프 서체는 주로 어떤 브랜드에서 사용하고 어떤 느낌을 주는 지 두께, 기울기, 제목과 본문의 크기, 자간, 행간 등을 유심히 관찰해 보세요.

2 산세리프 서체가 주제인 사진

일상에서 쉽게 볼 수 있는 간판과 같은 광고물에서 산세리프 서체를 찾고 사진을 찍어보세요. 산세리프 서체는 주로 어떤 브랜드에서 사용하고 어떤 느낌을 주는지 두께, 기울기, 제목과 본문의 크기, 자간, 행간 등을 유심히 관찰해보세요.

에필로그

군 복무 시절, 휴가를 나와 우연히 들른 서점에서 '유혹하는 자전거'라는 책을 보았습니다. 미하헬 엠바허라는 건축 디자이너가 수집한 다양한 자전거 사진들이 있는 책이었어요. 제가 알고 있는 자전거는 어렸을 적 타던 투박한 생활 자전거가 전부였습니다. 책에는 수많은 다양한 자전거가 있었고, 삼각 프레임 구조의 비율과 다양한 컬러와 데칼 그리고 각 자전거의 역사가 쓰여 있었죠. 책장을 넘기는 동안 나도 모르게 그 매력에 빠져들었습니다. 이 책을 시작으로 '디자인'이라는 것에 처음 흥미를 느끼기 시작했습니다. 이후 자전거에 관련된 모든 책을 검색해서 휴가 때마다 구매해 가져왔고, 책에 실린 각종 자전거를 보며 자전거에 대한 지식을 쌓았어요. 당시 10만 원 정도 되는 군인 월급을 차곡차곡 모아 전역한 후 120만 원짜리 첫 로드 바이크를 구매했습니다. 자전거의 아름다운 외관에 매료되어 관심을 가지게 되었는데 막상 타보니 더 큰 매력이 존재하고 있었습니다.

저는 학교로 돌아가지 않고 자전거 샵에서 일을 했습니다. 자전거를 정비하는 방법을 배우고 동호회 활동에서 사진을 찍기 시작했죠. 농구에 NBA, 야구에 메이저리그가 있다면 자전거에는 투르 드 프랑스라는 전 세계에서 가장 큰 대회가 있는데요. 자전거의 매력에 깊이 빠져든 저는 좋아하는 프로팀이 생겼고, 그 팀의 선수들이 타는 자전거가 갖고 싶어졌습니다. 그 자전거는 대략 1,000만 원가량 했습니다. 이제 막 전역하고 휴학 중인 대학생에게는 꿈도 꿀 수 없는 금액이었습니다. 너무도 갖고 싶은 마음에 대학교 1학년 때 배운 일러스트레이터로 그 자전거를 그림으로 그렸고, 액자에 넣어 벽에 걸어두기도 했습니다. 제가 좋아하는 팀 자전거 외에도 투르 드 프랑스에 나오는 22개 팀의 자전거를 모두 그렸습니다. 그 그림을 당시 운영하던 자전거 여행 블로그에 자랑하려고 올렸어요. 많은 사람이 자신이 좋아하는 팀의 자전거를 가지고 싶어 했고, 자전거 그림을 판매해 달라는 요청이 들어와 포스터로 만들어 판매하기 시작했습니다. 투르 드 프랑스의 자전거는 매년 데칼이 바뀌어서 해마다 포스터를 만들게 되었습니다. 저는 결국 자전거 포스터를 판매한 수익으로 제가 처음 그린 1,000만 원짜리 자전거를 갖게 되었습니다.

이후 저는 자전거로 세계 여행을 다니며 자전거의 매력에 미친 듯이 빠져들었어요. 그래서 제가 느낀 자전거의 매력을 더 많은 사람에게 알리고 싶었죠. 제가 가진 자전거 지식을 사진, 인포그래픽, 일러스트로 디자인해 자전거의 매력을 사람들에게 알리기 시작했습니다. 덕분에 영어를 하나도 못 했어도 전 세계에서 가장 큰 글로벌 자전거 회사에 취업하기도 하고, 자전거 매거진에서 잡지도 만들고, 자전거에 관련된 많은 일을 하게 되었습니다. 디자인을 통해 자전거를 다른 사람에게 알릴 수 있었고, 디자인은 내가 생각한 메시지를 다른 사람들에게 효과적으로 전할 수 있는 도구라는 것을 알게 되었죠. 학교를 졸업하지 않아도 돈을 벌 수 있었습니다. 이후로 디자인의 매력에 빠지게 되어 지금까지 디자인을 많은 사람에게 알리는 활동을 하고 있는 중입니다.

▲ 처음 그림으로 그린 자전거

▲ 포스터를 판매해 구매한 자전거

▲ 투르 드 프랑스의 팀 자전거로 만든 포스터

디자인 구구단의 원리

저는 미대 입시를 하고 디자인 대학에 입학했습니다. 학교에서 가르쳐 준 디자인 이론들을 이해하고 습득하기에는 교수님들의 교육 수준이 너무 높았습니다. 그래서인지 일단 수업 자료가 저에게는 너무 지루하고 재미가 없었습니다. 줄글로 된 이론을 읽으면 잠이 절로 왔어요. 이해가 가더라도 막상 내가 만든 결과물을 보면 전혀 적용되지 않았죠. 물론, 제가 똑똑하지 못한 탓도 있었을 겁니다. 고민 끝에 학교를 그만두고 자전거 관련 콘텐츠 디자인을 만들면서 디자인 감각을 키우게 되었습니다. 이후 뇌과학과 인지 심리학을 공부하면서 저의 디자인 감각이 키워진 방법을 과학적으로 이해하게 되었어요. 이 방법을 기반으로 디자인 감각을 키울 수 있는 새로운 교육 방법을 생각했습니다. 3년 동안 학교에 디자인 출강을 나가면서 적용해 보았고, 실제로 효과가 있었습니다. 그리고 디자인 구구단이라는 이름으로 강의하며 지금도 계속 연구 중에 있습니다.

디자인은 언어의 한 종류입니다. 디자인은 시각적으로 정보를 전달하며, 언어는 말과 글로 정보를 전달합니다. 디자인은 말이나 글과는 다르게 직관적이고 감각적인 요소를 가지고 있으며, 때로는 더 강력한 인상을 남길 수 있습니다. 또한, 디자인은 전 세계의 사람들이 이해할 수 있는 세계 유일의 공통 언어입니다. 디자인 구구단에서 배우는 기초 디자인 감각은 비율, 색, 구도, 움직임, 무게, 대비, 통일, 균형과 같은 조형 원리로 어느 시각 분야에서도 적용되는 기초적인 시각 인지 기술입니다. 디자인 감각만 있으면 사진, 영상, 일러스트, 디자인, 브랜딩 등 여러 가지 시각 표현 방법을 빠르게 배울 수 있습니다. 기초 조형의 중요성은 높지만, 다른 과목에 비해 뇌과학적 관점으로 학습 방법이 연구된 강의는 많지 않습니다.

디자인 구구단은 처음 디자인을 배우는 사람이 학습 효율을 높일 수 있도록 개발되었습니다. 'Comprehensible Input'은 스티븐 크라센(Stephen Krashen)이 제시한 언어 습득 이론 중 하나입니다. 이 이론은 학습자들이 새로운 언어를 습득할 때 의미를 이해할 수 있는 정보의 정도가 반복적으로 뇌에 입력이 되어야 한다는 것입니다. 영어를 처음 배우는 사람에게 어려운 영어책을 주면 몇 년을 해도 이해하기 어렵다는 것이죠. '사과'라는 단어를 이해하기 위해서는 학습자에게 사과의 이미지를 보여주며 "Apple"이라고 반복해서 이야기하면 됩니다. 사과를 먹는 행동을 보여주며 "Eat Apple"이라고 하면 Eat이 먹는다는 것을 무의식적으로 습득하게 되는 것입니다. Comprehensible Input은 이렇게 학습자가 이해할 수 있는 수준의 언어 입력이 필요하고, 학습자 수준보다 살짝 높은 Input을 주어 무의식적으로 습득을 하게 된다는 이론입니다. 디자인 구구단을 글로 된 어려운 책이 아닌 그림책으로 만든 이유도 디자인이 언어라면 마찬가지로 이 이론이 적용되기 때문입니다.

디자인을 더 배우고 싶다면

디자인 구구단으로 디자인에 대한 감이 잡혔다구요? 메시지를 더 효과적으로 전달할 수 있는 다음 레벨의 그래픽 디자인 강의를 소개합니다! 콘보이 홈페이지에서 더 다양한 강의를 만나 보세요!

포스터 디자인 트레이닝

디자인 이론도 알고 디자인 툴도 다룰 줄 알지만 실제 내 디자인에 어떻게 적용해야 할지 모르겠다구요? 포스터 디자인 트레이닝에서는 디자인의 구성요소, 디자인 심리학을 배우고 4주간 직접 간단한 포스터를 만들어봅니다. 메시지의 전달력을 높이기 위해 레이아웃과 컬러를 어떤 식으로 사용할지 감각으로 익힙니다. 다른 수강생들과 함께 다양한 디자인 케이스로 학습하고, 1:1 피드백을 통해 빠르게 문제점을 찾고 고칠 수 있습니다.

디자인 툴 기초

여러분 머릿속에 아무리 좋은 아이디어가 있어도 무언가 만들려면 도구가 필요하죠. 그래픽 디자인에서 가장 많이 사용하는 필수 툴은 일러스트레이터와 포토샵입니다. 이 두 개의 기초만 알아도 많은 것들을 할 수 있고 디자이너가 아니더라도 알고 있다면 디자인을 맡길 때 큰돈을 아낄 수 있습니다. 그래픽 디자인 툴에서는 제가 10년간 디자이너와 크리에이터로 활동하며 배운 필수 도구와 요령들을 모아 지구상에서 가장 쉽고 재미있는 강의를 만들었습니다.

패스트 캠퍼스 X 에이핫

패스트 캠퍼스에서 '쉿! 디자이너도 몰래 듣는' 에이핫의 그래픽 디자인 감각 트레이닝 강의가 진행 중입니다. 디자인 가이드 제작부터 메시지 전달력을 높일 수 있는 필수 디자인 이론까지 패스트 캠퍼스의 수준 높은 영상으로 시간과 공간 제약 없이 디자인 감각을 키울 수 있습니다.

◀에이핫 강의 듣기

'디자인'하면 떠오르는 이미지를 상상해 봅시다. '전문적이다.', '세련되다', '기술적', '감각적' 등 디자인을 처음 접하는 사람이라면 디자인과 '나' 사이에 이런 벽이 느껴집니다. 실제로 과거에는 이 벽이 높았어요. 디자이너가 되기 위해서는 디자인 대학을 나와 전문 기술을 배워야 했습니다. 인테리어 디자인을 하기 위해서는 각종 제도 용품으로 손으로 도면을 그리는 방법을 배우고, 제품 디자이너는 제품 목업을 만들기 위해 레진으로 만든 모형을 팔이 떨어지도록 사포로 갈며 먼지를 마셔야 했습니다. 그래픽 디자이너는 물감, 목탄, 파스텔과 같은 미술 도구로 그림을 그렸습니다. 고작 20년 사이에 많은 것들이 변했습니다. 실내, 건축 디자인은 캐드와 렌더링 프로그램으로 실사 같은 이미지를 만들고, 제품 모형은 3D 프린터가 만들어 줍니다. 그래픽 디자인은 각종 미술 도구를 아이패드에서 사용할 수 있고, AI에게 글로 각종 표현 기법을 명령하면 이미지로 만들어 주기까지 하죠. 2008년쯤 제가 포토샵을 배울 때만 해도 인물 사진에서 딕을 줄이거나 눈을 키우는 기능이 신기할 때였고, 저는 이 기능만 가지고도 사진관에서 아르바이트로 돈을 벌 수 있었습니다. 하지만 지금은 각자 가지고 있는 스마트폰 앱으로 슬라이더만 밀면 얼굴이나 몸매를 보정할 수 있고 심지어 움직이는 영상에 실시간으로 적용할 수도 있습니다. 이처럼 기술은 엄청난 속도로 발전해 비전공자도 쓸 수 있게 되었고 지금도 발전 중입니다. 이렇듯 기술적인 측면에서는 디자인이 많이 보급되었습니다. 하지만 기술이 발전하고 쓸 수 있게 되었다고 누구나 디자이너가 될 수 있는 것은 아닙니다. 디자인은 메시지를 형상화하는 것으로 '어떤 메시지를 어떻게 표현할까?'에 대한 생각이 필요합니다. 아무리 기술이 발전해도 이런 '메시지'을 생각하는 행위 자체를 대신해 줄 수는 없습니다.

만약 AI가 사람들이 필요한 것을 찾아내고 디자인한다면 그것 역시 AI를 디자인한 사람의 목적성이 들어간 것입니다. 요즘은 유튜브나 웹 검색으로 쉽게 프로그램 기술을 배울 수 있습니다. 반면, 생각하는 방식을 배우는 것은 기술의 보급에 비해 느리게 진행 중입니다. 손으로 그림을 1장 그리는데 몇 분에서 몇 시간이 걸리지만, AI를 이용하면 1초에 몇백, 몇천 장을 만들 수 있습니다. 생각 없이 기술만 이용한다면 세상에는 쓰레기 같은 결과물이 가득 차게 될 것입니다.

요즘은 대학을 가지 않아도 각 분야의 전문적으로 필요한 정보들을 쉽게 배울 수 있습니다. 하지만 이는 전문적으로 디자인을 하는 사람들을 대상으로 만들어졌습니다. 처음 디자인을 시작하는 혹은 시작해 보고 싶은 사람들을 위한 강의가 많지 않습니다. 수학을 처음 배울 때 처음부터 인수분해나 이차 방정식을 배우지는 않습니다. 먼저 숫자에 대한 개념, 사칙연산 그리고 구구단을 배우죠. 구구단을 외우지 않아도 수학을 할 수 있습니다. 하지만 문제를 풀거나 배울 때 속도 차이가 나게 됩니다. 구구단은 수학이나 과학자가 되기 위해서만 필요한 게 아닙니다. 일상생활에서 숫자를 계산할 때 유용하게 쓰입니다. 디자인도 꼭 전문적인 영역에서만 쓰이는 것이 아닌 알아두면 누구나 구구단처럼 유용하게 쓸 수 있는 기술입니다. 디자인 감각은 방을 꾸민다거나 옷을 고를 때도 필요하고, 보고서나 발표 자료를 준비할 때도 쓰입니다. '아는 만큼 보인다.'는 말처럼 인물, 풍경, 그림, 책, 영화 등 모든 시각 정보를 받을 때 더 깊이 즐길 수 있게 됩니다.

하지만 앞서 이야기했듯 전문 강의는 많아졌지만, 디자인을 시작할 수 있게 도와주는 기초 강의는 아직 부족합니다. 디자인 구구단은 디자인이 꼭 전문적인 분야에서 쓰는 기술이 아니라 구구단처럼 알고 있으면 일상생활에서 유용하게 쓰일 수 있는 쉬운 도구라는 것을 알려주기 위해 만들었습니다. 물론 이 책을 읽기만 한다고 디자인 감각이 갑자기 생겨나는 것은 아닙니다. 구구단을 처음 외울 때 기억을 떠올려 보세요. 곱하기의 원리는 금방 이해하지만, 구구단 게임을 할 때 술술 나올 정도가 되려면 계속 반복해서 외우는 노력이 필요합니다(저는 8단이 정말 안 외워졌어요). 디자인 구구단도 그 정도의 노력은 필요합니다. 한번 읽고 이해하는 것이 아닌 반복적으로 노력해야 제대로 사용할 수 있습니다. 마치 PT를 받고 운동을 꾸준히 해야 근육이 생기는 것과 비슷합니다.

이 책은 전문 디자이너를 위한 책이 아닙니다. 디자인의 유용함을 더 많은 사람에게 알리기 위해 만들어진 책입니다. 스티브 잡스와 워즈니악은 애플을 만들 때 컴퓨터의 권력을 전문가로부터 일반 소비자에게로 옮겨 놓겠다는 당찬 포부를 밝혔습니다. 저의 목표는 디자인의 권력을 전문가로부터 누구나 올바르게 사용할 수 있도록 만드는 것입니다. 디자인 구구단은 디자인 민주화를 올바른 방향성으로 이끄는 프로젝트의 시작입니다.

"사람들에게 메시지를 던지고 있다면 당신은 이미 크리에이터다."

'미적 감각은 어떻게 기를 수 있나요?'

그림을 업으로 삼는 이들이라면 한 번쯤은 들어봤을 흔한 질문이다. 마땅한 대답이 어려웠던 이유는 감각을 기술처럼 설명하기 쉽지 않기 때문이다. 그럴 때마다 미적 감각은 역시 타고난 재능이라는 회의적인 푸념에 반박할 수가 없어진다. 그렇지만 단순히 전문가의 영역으로만 치부하기는 아쉽다. 평범한 일반인들 또한 직장에서, 취미에서, 일상생활에서 그 필요를 여실히 느낀다. 발표 자료를 만들어야 할 때, 입고 나갈 옷을 고를 때, 인스타그램에 새 사진을 올리고 싶을 때…. 조금이라도 더 '잘'하고 싶은 날, 미적 감각이 간절해졌던 경험은 누구나 해봤을 것이다.

『디자인 구구단』은 이와 같은 '조금 더 잘 해보고 싶은' 사람들을 위한 '미적 감각 가이드'다. 내가 만든 발표 자료나 사진 따위가 어떻게 아름다워 보일 수 있는지 그 명확한 이유와 증거를 제시할 수 있도록 도와준다. '다양한 경험을 통해 안목을 기르라'는 다소 추상적인 솔루션이 아닌, 악기 혹은 외국어를 습득하듯 디자인의 도레미부터 연주까지 명확한 원리와 연습 방법까지 구체적으로 제시한다. 다시 말해 미적 감각을 혼자서도 연습, 복습할 수 있게 만들어주는 교재인 셈이다.

구구단이 복잡한 숫자의 삶을 더욱 간편하게 만들어준 셈이었다면, 『디자인 구구단』은 같은 일상도 훨씬 아름답게 볼 수 있는 제2의 눈이 되어줄 것이다. 또다시 '미적 감각은 어떻게 기르냐?'는 질문을 받는 날이 온다면 주저 없이 『디자인 구구단』을 추천하고 싶다.

〈슌 / 만화·에세이 작가〉

'디자인을 이렇게 쉽고 재미있게 배울 수 있다니!'

대학교와 외부 클래스에서 10년 넘게 강의를 하고 있지만, 여전히 비전공자들에게 '디자인'은 전문적인 분야로 여겨지고 있다. 하지만 디자인을 '자기 계발'처럼 쉽게 배울 수 있다면 어떨까? 또는 우리가 사진을 찍거나 요리, 자전거 타기를 하듯이 '취미'로 가볍게 접하고 익힐 수 있다면 어떨까?

사실, 무엇이든 쉽게 이해시키는 것이 어렵게 설명하는 것보다 훨씬 더 어렵다. 그런 의미에서 『디자인 구구단』은 대학에 가지 않고도 디자인을 시작할 수 있는 훌륭한 입문서이자 친절한 안내서이다. 비전공자, 개인사업자, 또는 디자인이 궁금한 분에게 이 책을 적극 추천한다.

〈디고디원찬 / 크리에이터, 디자이너, 유튜버〉

'아름다움 속에는 편리함이 숨어 있다.'

그렇기에 디자인은 문제를 해결하는 과정이기도 하다. 하지만 많은 이들이 디자인의 의미를 잘못 인식하고 있다. 그중 하나가 디자인이 무언가를 꾸미는 행위라는 오해인데, 이를 바탕으로 대상을 인식하다 보니 많은 이들이 디자인을 통해 문제를 해결하기는커녕 도리어 문제를 만들게 된다. AI로 만든 이미지가 무분별하게 생산되어 저품질 그래픽으로 세상이 뒤덮이는 것도 이러한 현상의 일부라 볼 수 있다.

저자와는 대학 시절부터 인연이 있다. 10년 전에도 그의 이름은 에이핫이었다. 어도비 대학생 기자단에서 같은 팀으로 활동하게 되며 만났는데, 그때부터 성정이 남다른 사람이었다. 졸업장이 없어도 사람들이 나를 찾게 만들겠다고 말하며 돌연 무기한 휴학을 한 것이다. 그러면서 자전거를 말도 안 되게 많이 타더니 몇 년 동안 해외를 떠돌며 여행하기도 했다. 돌아올 때마다 매번 다른 모습으로 성장하는 그를 보며 어떤 어른이 될지 항상 궁금했었다.

프로가 된 에이핫을 만났을 때 그가 내게 전한 꿈은 이전보다 더 크고 멋진 것이었다. 이른바 디자인의 민주화. 세상 사람들이 문제점을 발견하고, 스스로 아름답고 편리하게 해결하도록 하는 게 꿈이라 하였다. 그렇게 탄생한 것이 바로 『디자인 구구단』이다. 곁에서 지켜본 친구의 입장에서는 디자인 구구단이 그의 모든 경험과 정수를 담은 10년의 세월로 보이기에 너무도 소중하고 귀하다.

그는 독학으로 디자인을 습득했기에 혼자서 디자인을 배우는 일에 어려움을 느끼는 이들의 심경을 잘 이해한다. 그렇기에 이 책은 누구나 이해할 수 있도록 아주 쉽고 유용하게 쓰였다. 아름다운 것이 왜 아름다운지 알고 싶다면, 감에 의존해 표현하는 것이 답답했다면, 머리에 생각은 있으나 그걸 표현하기 막막했다면 이 책의 일독을 권한다. 마지막 페이지를 덮으면 비로소 누구나 디자이너가 될 수 있다는 말의 의미를 이해할 수 있을 것이다.

<이연 / 크리에이터, 전 스타벅스 커피 코리아 디자이너>